Editions Modélisme
Paris

Hore

Bugatti

HUGH CONWAY

*We thank all the Bugatti collectors
who helped us kindly to make this book.
For the old documents René Alexis has opened
the doors of his fabulous collection.
For the colour pictures from around the world,
Jean-Paul Caron was our untiring reporter.*

Nous remercions tous les propriétaires de Bugatti qui nous ont
amicalement aidés à réaliser cet ouvrage.
Pour les documents d'époque, René Alexis nous a ouvert
les portes de sa prestigieuse collection.
Pour les photos du bout du monde, Jean-Paul Caron
a été notre infatigable reporter.

Hugh Conway hill-climbing on his type 43 at Prescott.
Hugh Conway à Prescott sur sa «43».

Préface par le Baron

JACQUES GREILSAMER

Jacques Greilsamer et sa 57 Atalante.
The 1938 Atalante Coupé of Jacques Greilsamer.

Philippe de Rothschild

To Mlle L'Ebé Bugatti, whose friendship and help over several years has helped to make possible this humble tribute to her distinguished father.

A Mademoiselle L'Ebé Bugatti dont l'amitié et l'aide efficace depuis de longues années nous ont permis de rendre cet humble hommage à son illustre Père.

Philippe de Rothschild at speed in Le Mans for the '29 Grand Prix de l'A.C.F. at the wheel of a competition version of a type 44.3 litre Bugatti.
Philippe de Rothschild en pleine vitesse au Grand Prix de l'A.C.F. au Mans en 1929 sur une Bugatti 3 litres type 44 dans sa version compétition.

« Des monstres ! Ce sont des monstres ! »
Ne serait-ce pas ainsi, s'il était encore de ce monde, que, décrivant d'un sourire les voitures de courses actuelles, parlerait le sensible Ettore Bugatti, sous son chapeau melon marron, de son léger zézaiement chantant italien ? Lui qui, à travers la volonté créatrice où sa passion humanisait la mécanique, faisait admirer l'inédit de « ses » harnais, ceux de son cheval qu'il montait le matin parmi ses ouvriers, autour de ses usines, dans la cristalline campagne alsacienne. Ou encore faisait apprécier les bronzes animaliers de son frère.

En ce temps des Chiron, des Carraciola, des Etancelin, s'asseoir dans un des coursiers bleus, serrer doucement le volant de ses doigts, c'était passer de l'état de conducteur à celui de pilote, s'aviser d'un instrument de pointe mais aussi d'une vraie voiture inscrite dans le paysage, dessinée par un artiste nourri d'études classiques, de subtilités latines. Rien de ces méga-monstres rampants, aux roues jantées comme racines de baobab, issus arrogants de la préhistoire.

Bonheur, le hasard qui nous fit adultes à l'âge de « la Bugatti », symbole d'une époque à vénérer, charnière d'élégance entre deux façons de vivre, nous offrant, première joie, cette découverte : regarder au repos la silhouette azur du « pur-sang » d'homme, se pénétrer par tous nos sens en éveil d'une harmonie prête à l'élan, la couver telle femme dont regard et lèvres sauront demain éclairer une meilleure définition de notre existence.

L'esprit engagé, s'insérer, caler son corps, en jouir. Assis, le regard allongé sur l'ogive bleue du capot, par-delà les reflets du radiateur, les reins pris entre parois comme entre bras serrés aussi fiévreux que déterminés, se concentrer en un propos d'union, béatitude subtile, tension en suspens.

Vient la mise en marche, le ronflement que l'oreille attend, dont les divers registres vont moduler une ardeur tôt débridée, l'impétueuse docilité qui ne saurait être forcée, mais entendue, interprétée, ménagée, comprise.

Prodige, les secondes qui précèdent le départ de la course, instants de délivrance où nous savons qu'à la moindre sollicitation la bête va, mieux qu'obéir, du fond de ses tripes s'offrir, se prêter aux infimes mouvements de la cheville, du poignet, des doigts, du regard. Sensibilité telle de part et d'autre que bientôt dans la machine nous percevons comme un cerveau dont les filets nerveux commandent aux nôtres. Attentifs, à l'écoute, nous acceptons l'intimité, l'osmose, cet échange avec l'instrument qui ne cesse de nous répéter que sa vraie mesure est le dépassement de soi-même.

Telle doit être l'exigence imposée par chaque seconde au pilote que, tout en maintenant l'allure en-deçà du « trop loin », il trouve la limite extrême de l'action rythmée, couple en accord de quête dévorante, en équilibre à la pointe où, au défi de toute remise en question, le possible impossible se fait si familier, si évident, si simple que, sans s'en apercevoir, l'état « record » s'établit dans une métronomie naturelle, excès banalisé de confiance, abus sécurisant tant l'organisme s'immunise. Le destin parfois ne l'entend pas ainsi, s'insurge. En termes de pilote, « attend au tournant », traîtrise indue où l'instant se défait, se décompose en multiples instants dénoués, cahotiques, désordonnés, insaisissables, vous prive de toute ressource de défense, vous laisse pantois, pantelant.

N'est pilote — voire mort de vieillesse — qui n'ait un jour ou l'autre senti surgir cette seconde du dépassement sans recours. Ettore Bugatti vit son fils, son successeur, l'élégant Jean, lui être ainsi ravi. Le père refusait au fils l'aventure en course. Lui-même se savait des dons de l'esprit, trop pour les gaspiller si brillant que soit l'exploit sportif. Succédant à son père, Jean, devenu maître des minutieuses recherches de l'usine de Molsheim, était lui-même, comme son père, essayeur de toute nouveauté sortie des ateliers. Nul ne prend plus de risques que tel qui expérimente, novateur dans une nature souvent inadaptée, dont le piège inattendu surgit d'une faille intérieure ou extérieure, humaine, inhumaine, énigme anonyme d'un néant né d'un refus inconnu. Pour Jean, c'est un cycliste qui débouche de la nuit sur une route droite pourtant gardée pour des essais que de l'horizon est venu l'instant fatal.

D'essence artisanale, terrestre, l'aventure « Bugatti », dans le tumulte béat de notre imagination, se situe entre les Gutenbergs et l'ordinateur, Ettore et Jean pionniers-défricheurs d'une humanité qui leur semblait si bien ne devoir jamais décevoir qu'ils traitaient la mécanique comme un art. L'est-elle ?

« Les » Bugattis qui firent « la » Bugatti, d'audience sans frontières, ont à jamais fixé leur image entre hier et demain, dans un monde en devenir ouvert à l'infini des exaltations conquérantes.

Philippe de Rothschild

LE PATRON

Jean Bugatti

8000... The production of a day or two nowadays of Chevrolet, Toyota, Fiat, Renault or Volkswagen.

8000... This is the total number to a few tens more or less (the experts do not agree and records are not available) of Bugattis produced in half a century. Bugatti: a marque which disappeared twenty five years ago, but in which interest never seems to die away, indeed quite the contrary.

More surprising: in spite of the Second World War, the great destroyer of car populations, more than 1500 Bugattis are still alive today, a percentage which no production car can challenge.

An abundant bibliography, Clubs perpetuating the competitive spirit of the car, and a particular mythology have perpetuated its memory uniquely among production automobiles.

And, why Bugatti?

Is a Type 35 B faster than a Monza Alfa Romeo?

Is a Type 50 the equal of an Hispano Suiza? Is a Type 57 better than a 135 Delahaye? These questions do not require answers, because if Bugattis were not free from fault, if sometimes they seemed retrograde in certain respects, or if their lines did not necessarily follow the fashion of the moment, they were without doubt the creations of a genius, Ettore Bugatti, and then of his son Jean, technicians no doubt, but beyond all else artists.

Every Bugatti built bore the personal imprint of these two exceptionnal creators. Who was Ettore Bugatti?

Ettore Arco Isidoro Bugatti was born in Milan on September 15, 1881 and died in Paris on August 21, 1947. His father, Carlo was an artist and furniture designer of great talent, and his brother Rembrandt was a remarkable «animalier» sculptor. Ettore himself turned at the age of 18 to the mechanical arts and became one of the most celebrated automobile designers of all time, his name alongside Royce and Ferrari. The works of this family trio of artists are sought after today by museums and collectors all over the world with Ettore in the lead in terms of value.

There are several books already dealing with the history; design, technical construction and racing success of Ettore Bugatti cars, originally in English — it is normal for Bugatti to be honoured first outside his beloved adopted country — then in French, German, Italian and even now Japanese. We here seek to illustrate the visual appeal of all Bugattis, for heads turn in interest as for a pretty girl when any Bugatti passes in the street. We tell the story in sequence without a great deal of technical detail (which can be obtained elsewhere) beginning with the original «Pur-Sang» which started it all. Bugatti although born Italian and retaining that nationality for many years spent most of his active professional life in the Franco-German atmosphere of Alsace. It was fortuitous no doubt but he loved France and French life style. He raced in French Blue, even at Monza. He saw the tragedy of two wars in France, and he died there.

8000...

There is no room today for the artist-engineer and perhaps Bugatti was the last of them. In the early days of the automobile (which is only about 80 years old), eye, imagination and experience could achieve much. By 1930 Ettore's lack of engineering training and knowledge were beginning to show, although the effects were well arrested by his brilliant, untrained but highly receptive, son Jean. What would have happened if Jean had not been killed in 1939? We do not know. But surely something interesting.

8000... A quelques dizaines près, (les experts ne sont pas d'accord et les archives ne le disent pas exactement), mais qu'importe?
N'est-ce pas le chiffre de production d'une ou deux journées de travail aujourd'hui chez Chevrolet, Toyota, Fiat, Renault ou Volkswagen?

8000... C'est le chiffre total des Bugatti produites pendant un demi-siècle.

Bugatti : une marque disparue maintenant depuis plus de 25 ans mais dont l'intérêt semble ne jamais pouvoir s'éteindre, bien au contraire.

Plus extraordinaire : malgré la seconde guerre mondiale, grande dévastatrice du parc automobile, plus de 1500 Bugatti subsistent encore aujourd'hui, un pourcentage avec lequel aucune marque au monde ne peut rivaliser.

Une abondante bibliographie, des Clubs perpétuant l'esprit de compétition de la marque, une certaine mythologie ont sauvegardé un souvenir unique dans la production automobile mondiale.

Alors, pourquoi Bugatti?
Une 35 B vaut-elle une Alfa Roméo 2300?
Une 50 est-elle l'égale d'une Hispano?
Une 57 peut-elle rivaliser avec une 135 MS Delahaye?
Toutes ces questions ne demandent pas de réponses car si les Bugatti ne furent exemptes de défauts, si parfois elles purent paraître rétrogrades par certains aspects techniques ou si leur ligne ne suivait pas forcément la dernière mode, elles furent par contre toutes, les créations inspirées d'un esprit génial, Ettore Bugatti, puis celles de son fils Jean, techniciens sans

Qui était Ettore Bugatti?
Ettore Arco Isidoro Bugatti naquit à Milan le 15 septembre 1881 et mourut à Paris le 21 août 1947. Son père, Carlo, était un dessinateur de meubles de grand talent et son frère Rembrandt un remarquable sculpteur animalier dont les œuvres sont aujourd'hui fort recherchées par les collectionneurs.

Vers 18 ans, Ettore se lança dans l'art de la mécanique et devint avec Royce et Ferrari l'un des plus fameux dessinateurs de voitures de tous les temps. Les œuvres de ce trio d'artistes sont aujourd'hui recherchées par les musées et les collectionneurs du monde entier, avec pourtant une préférence pour celles d'Ettore.

Plusieurs ouvrages ont déjà raconté l'histoire, la conception, la technique de construction et les succès remportés dans les courses, des voitures d'Ettore Bugatti.

Les premiers ouvrages parus étaient en anglais (il est normal que Bugatti ait d'abord été célèbre en dehors du pays d'adoption qu'il avait tellement aimé!).

Puis sont apparus des livres en français, en allemand, en italien et même en japonais. Nous cherchons ici à illustrer l'attrait visuel qu'ont provoqué toutes les Bugatti, ces voitures qui comme les jolies femmes font tourner et retourner les têtes.

Nous raconterons cette histoire sans entrer dans les détails techniques (que l'on peut trouver ailleurs) et nous commencerons par la fameuse «Pur-Sang» qui fut à l'origine de tout.

Bien que né en Italie et ayant gardé la nationalité italienne pendant plusieurs années, Bugatti passa la plus grande partie de sa vie professionnelle en Alsace dans une atmosphère franco-allemande.

Venu pour la première fois en France un peu par hasard, il eut immédiatement et conserva toujours un grand amour pour ce pays et son style de vie. Ses voitures coururent en bleu francais, même à Monza. En France il connut les heures tragiques des deux guerres mondiales. C'est en France qu'il est mort.

L'artiste-ingénieur n'a plus sa place aujourd'hui et Bugatti a certainement été l'un des derniers.

Au temps héroïque des premières automobiles (il n'y a que 80 ans), avec le coup d'œil, de l'imagination et un peu d'expérience, on pouvait faire son chemin.

Dès 1930, le manque de connaissances des techniques de pointe d'Ettore commença à se faire sentir bien qu'il fût compensé par l'esprit toujours en éveil de son fils Jean qui n'avait cependant pas toute la formation voulue.

Que serait-il arrivé si Jean ne s'était pas tué accidentellement en 1939? Nous ne le saurons jamais... mais certainement quelque chose de passionnant.

The motor oil was BUGATTI!
Même l'huile moteur était BUGATTI.
Photo Jean Paul Caron.

PALMARÈS

du 24 janvier 1926 au 19 septembre 1926

503 VICTOIRES

PLUS DE 2 VICTOIRES PAR JOUR

parmi lesquelles

351 PREMIERS PRIX · 47 RECORDS

CHAMPIONNAT DES PAYS LATINS
CHAMPIONNAT DU MONDE
TARGA FLORIO
GRAND PRIX ROYAL DE ROME
GRAND PRIX D'ALSACE
GRAND PRIX DE L'A. C. F.
GRAND PRIX D'ESPAGNE
GRAND PRIX D'EUROPE
GRAND PRIX DE BOULOGNE (1.500 cmc)
GRAND PRIX D'ITALIE
GRAND PRIX DE MILAN

La Maison BUGATTI a, la première, l'honneur d'apporter à l'Automobile-Club de France, le trophée du GRAND PRIX D'EUROPE.
Le GRAND PRIX D'EUROPE a été couru pour la 4e fois le 18 juillet 1926.
Sont considérées comme VICTOIRES les 2e, 3e et 4e places, à condition que la 1re place ait été obtenue par une voiture BUGATTI.

1926. The big era of the "35" unbeatable on the European circuits. 503 victories in 9 months: a nice score!
1926 : La grande époque des «35» imbattables sur tous les circuits du monde. 503 victoires en 9 mois : un record difficile à battre !

Ettore Bugatti welcomes the French President, Albert Lebrun during the '32 Paris Motor show.
Ettore Bugatti reçoit le Président de la République, Albert Lebrun au Salon de l'Automobile de Paris en octobre 1932.

A rare picture: Ettore smiling! He congratulates Zanelli, '29 Grand Prix Bugatti winner at Le Mans.
Un document assez rare : Ettore souriant ! Il félicite Zanelli, vainqueur du Grand Prix Bugatti sur le circuit du Mans en 1929.

After fifty years... a "37" and a "43" ready to race! *Le Mans 1927? Non, New Jersey 1977!*

Technical data of the different types of Bugatti 1908-1951

Caractéristiques techniques des différents types de Bugatti 1908-1951.

Type	Category Catégorie	No. of Cylinders Nb. de Cylindres	Bore Stroke Alésage Course	Cm³	Valves per Cyl. Soupapes par Cyl.	Super-charged Compresseur	Forward gears Nb. de Vitesses	Wheelbase Track, m. Empattement Voie	Years Produced Années de Production	Notes
10	Touring	4	62 x 100	1208	2	—	4	2 x 1.15	1908	
13	Touring	4	65 x 100	1327	2	—	4	2 x 1.15	1910-14	1
13	Racing	4	69 x 100	1496	4	—	4	2 x 1.15	1919-26	2
15	Touring	4	65 x 100	1327	2	—	4	2.4 x 1.15	1910-13	
17	Touring	4	65 x 100	1327	2	—	4	2.55 x 1.15	1910-13	1
22	Touring	4	65 x 100	1327	2	—	4	2.4 x 1.15	1913-14	
22	Touring	4	69 x 100	1496	4	—	4	2.4 x 1.15	1919-26	3
23	Touring	4	65 x 100	1327	2	—	4	2.55 x 1.15	1913-14	1
23	Touring	4	69 x 100	1496	4	—	4	2.55 x 1.15	1919-26	3
Garros	Racing	4	100 x 160	5027	3	—	4	2.55 x 1.25	1912-14	4
30	Touring	8	60 x 88	1991	3	—	4	2.85 x 1.2	1922-26	
32	Racing	8	60 x 88	1991	3	—	4	2.0 x 1.2	1923	5
35	G.P.	8	60 x 88	1991	3	—	4	2.4 x 1.2	1924-30	6
35A	Sport	8	60 x 88	1991	3	—	4	2.4 x 1.2	1928-30	
35B	G.P.	8	60 x 100	2262	3	x	4	2.4 x 1.2	1927-30	6
35C	G.P.	8	60 x 88	1991	3	x	4	2.4 x 1.2	1927-30	6
35T	G.P.	8	60 x 100	2262	3	—	4	2.4 x 1.2	1926-30	7
37	Sport	4	69 x 100	1496	3	—	4	2.4 x 1.2	1926-30	
37A	G.P.	4	69 x 100	1496	3	x	4	2.4 x 1.2	1927-30	
38	Touring	8	60 x 88	1991	3	—	4	3.12 x 1.25	1926-8	
38A	Sport	8	60 x 88	1991	3	x	4	3.12 x 1.25	1927-8	6
39	G.P.	8	60 x 66	1493	3	—	4	2.4 x 1.2	1926-9	
39A	G.P.	8	60 x 66	1493	3	x	4	2.4 x 1.2	1926-9	6
40	Touring	4	69 x 100	1496	3	—	4	2.56/2.71 x 1.2	1926-30	
40A	Touring	4	72 x 100	1627	3		4	2.71 x 1.2	1930	
41	Touring	8	125 x 130	12763	3					

Type	Body	Cyl.	Bore×Stroke	cc	Gears	Compr.	Tyres	Years	Note
43/43A	Gr. Sport	8							
44	Touring	8	69 × 100	2991	3	4	—	3.12 × 1.25	1927-30
45	G.P.	16	60 × 84	3801	3	4	×	2.6 × 1.25	1929-30
46	Touring	8	81 × 130	5359	3	3	×	3.5 × 1.4	1929-36
46S	Touring	8	81 × 130	5359	3	3	—	3.5 × 1.4	1931-36
47	Gr. Sport	16	60 × 66	2986	3	4	×	2.75 × 1.25	1929-30
49	Touring	8	72 × 100	3257	3	4	—	3.12/3.22 × 1.25	1930-34
50	Sport	8	86 × 107	4972	2	3	×	3.1/3.5 × 1.4	1930-34
51	G.P.	8	60 × 100	2262	2	4	×	2.4 × 1.2	1931-35	6
51A	G.P.	8	60 × 66	1493	2	4	×	2.4 × 1.2	1931-35	6
51C	G.P.	8	60 × 88	1991	2	4	×	2.4 × 1.2	1931-35	6
53	G.P. 4-W.D.	8	86 × 107	4972	2	4	×	2.6 × 1.25	1932
54	G.P.	8	86 × 107	4972	2	3	—	2.75 × 1.25	1931-34
55	Super Sport	8	60 × 100	2262	2	4	×	2.75 × 1.25	1932-35
57	Touring	8	72 × 100	3257	2	4	×	3.3 × 1.35	1934-40
57C	Touring	8	72 × 100	3257	2	4	.	3.3 × 1.35	1937-40
57S	Touring	8	72 × 100	3257	2	4	—	2.98 × 1.35	1936-38
57SC	Touring	8	72 × 100	3257	2	4	×	2.98 × 1.35	1936-38	8
57G	Racing	8	72 × 100	3257	2	4	×	3.3 × 1.35	1936-39
59	Racing	8	72 × 100	3257	2	4	×	2.6 × 1.25	1934-36
64	Touring	8	84 × 100	4432	2	4	—	3.3 × 1.35	1939-40
68	Touring	4	48.5 × 50	369	4	4	×		1945
73A	Sport	4	76 × 82	1488	3	4	×	2.6 × 1.26	1947
73C	G.P.	4	76 × 82	1488	4	4	×	2.4 × 1.2	1947
101	Touring	8	72 × 100	3257	2	4	—	3.3 × 1.35	1951
101C	Touring	8	72 × 100	3257	2	4	×	3.3 × 1.35	1951

NOTES
1. *Also 66 mm.*
2. *Early cars 68 mm; 69 mm called "Brescia," "Brescia Course" or "Full Brescia".*
3. *Early cars 68 mm; 69 mm called "Brescia Modifiée".*
4. *Chain driven.*
5. *Tours Tank car.*
6. *Full ball and roller bearing crankshaft.*
7. *T = Targa (Florio).*
8. *Unsupercharged in 1936; Tank body.*

NOTES
1. Aussi 66 mm.
2. Premiers modèles 68 mm; les 69 mm sont dénommés «Brescia», «Brescia Course» ou «Full Brescia».
3. Premiers modèles 68 mm; les 69 mm sont dénommés «Brescia modifiée».
4. Transmission par chaîne.
5. Voiture de course «Tank» du G. P. de Tours.
6. Paliers de vilebrequin sur billes et bielles à rouleaux.
7. T = Targa (Florio).
8. Sans compresseur en 1936. Carrosserie «Tank».

***Bugatti Production
and Residual Population***

**Chiffres de production Bugatti
et modèles existant encore aujourd'hui.**

Production data are based on examination of Factory records and in most cases are reasonably accurate. Today's residual numbers are based on the records of the Bugatti Owners' Club of England: probably not more than 50-100 cars remain to be discovered, most in France.

Les chiffres de production sont donnés sur des rapports de l'usine et pour la plupart peuvent être tenus pour exacts. Les chiffres des modèles existant encore aujourd'hui sont basés sur les patientes recherches du secrétariat du Bugatti Owners Club anglais. Il ne reste probablement pas plus de 50 à 100 modèles à découvrir, la plupart en France.

BUGATTI - TYPES	PRODUCTION TOTALE 1910-1952	MODÈLES existant aujourd'hui	EN FRANCE	EN GRANDE-BRETAGNE	AUX U.S.A.
8 Soupapes / 8 Valves (1)	435	20	6	2	3
16 Soupapes / 16 Valves (2)	2005	142	15	34	21
Roland Garros	4 ou 5	3	1	2	
30	600	35	8	5	6
35 & 39	340	148	22	39	39
37	290	131	15	28	36
38	385	29	4	1	8
40 (3)	830	171	39	27	32
41 "ROYALE"	6	6	2		4
43	160	61	18	12	15
44	1095	117	23	18	13
45 & 47	4	4	2	1	1
46 (4)	400	51	12	9	8
49	470	76	25	6	9
50	65	21	6	5	6
51	40	30	4	7	9
52 "BABY"	90	30	16	4	6
53 Tr. Avant / F.W.D.	2 ou 3	2	1		1
54	4 ou 5	3		2	1
55	38	27	13	4	8
57 & 57 C	630	348	105	31	111
57 S & 57 SC	40	34	10	10	14
59	6 ou 7	5		3	1
101	6 ou 7	6	3		3
TOTAL	7950	1500	350	250	355

NOTES
(1) *8 Valves: About 100 models delivered in 1919/1920.*
(2) *16 Valves: Many models now in Australia. 710 are "Seize Soupapes", the remainder "Brescia".*
(3) *Type 40: 40 are type 40 A in 1931/1932.*
(4) *Type 46: About 18 models are "46 S" with supercharger.*

NOTES
(1) 8 Soupapes : Environ 100 modèles furent livrés en 1919/1920.
(2) 16 Soupapes : De nombreuses 16 Soupapes se trouvent en Australie. 710 modèles sont des «16 Soupapes», les autres sont des «Brescia».
(3) Type 40 : En 1931/1932, 40 modèles sont des 40 A.
(4) Environ 18 modèles «46 S» à compresseur furent construits.

BUGATTI
MOLSHEIM
R. C. Saverne N° 100

MAGASIN DE VENTE : 46, Avenue Montaigne - PARIS
ATELIER DE RÉPARATION : 75, Rue Carnot - LEVALLOIS-PERRET

TOURISME

Roadster Luxe sur châssis type 40, 1 litre 500	**49.800**
Châssis type 44, 3 litres, 8 cylindres	**60.000**
Châssis type 49, 3 litres 300, 8 cylindres, court	**63.000**
Châssis type 49, 3 litres 300, 8 cylindres, long	**63.500**
Châssis type 46, 5 litres 300, 8 cylindres	**100.800**

SPORT

Roadster Luxe sur châssis type 43 a, 2 litres 300, à compresseur	**140.000**
Châssis type 50, 4 litres 900, 8 cylindres sans compr.	**150.000**
avec compr.	**180.000**

COURSE

Voiture type 35 b, 2 litres 300, 8 cylindres, à compresseur	**155.000**
Voiture type 35 c, 2 litres, 8 cylindres, à compresseur	**140.000**
Voiture type 37 a, 1 litre 500, 4 cylindres, à compresseur	**72.000**
Châssis type 47 "Compétition", 3 ou 4 litres, 16 cylindres, à 2 compresseurs	**250.000**
Carrosserie Torpédo, 4 places, conforme au règlement des courses d'endurance pour voitures Sport pour ce châssis	**25.000**
Voiture type 51, 2 litres, 8 cylindres, à compresseur	**165.000**

Tarif 1er Octobre 1930 (France)
Ce tarif annule les précédents.
Ces prix s'entendent pour châssis ou voitures pris à l'usine de Molsheim.

JOST IMPR., MUTZIG

Bugatti Prices Lists from 1930 to 1938.

In 1933, for the same price, you could have a "55" Roadster... or a Rolls-Royce Limousine!

In 1937, for the same money a "57" Stelvio convertible or 3 light fifteen F.W.D. Citroën Saloons.

Beginning his career at the 1933 Paris Motor show for 76.000 Francs, a "57" Galibier Saloon reached 116.000 Francs in 1938.

A matter of reflexion for our modern economists about inflation...

Les tarifs Bugatti de 1930 à 1938.

En 1933, on constate que pour la même somme on pouvait s'offrir un roadster «55»... ou une limousine Rolls-Royce.

En 1937, pour le prix d'un cabriolet «57» on achetait 3 berlines Traction Avant Citroën.

Introduite sur le marché au Salon 1933 à 76.000 francs la berline «Galibier 57» valait en 1938, 116.000 francs.

Un beau sujet de réflexion pour nos économistes qui parlent d'inflation en 1978.

BUGATTI
MOLSHEIM
R. C. Saverne N° 100

MAGASIN DE VENTE : 46, Avenue Montaigne - PARIS
ATELIER DE RÉPARATION : 75, Rue Carnot - LEVALLOIS-PERRET

TOURISME

Roadster luxe sur châssis type 40 a, 1 litre 600, 4 cylindres	**50.800 fr.**
Châssis type 49, 3 litres 300, 8 cylindres, 6 roues fil	**63.000 "**
Supplément pour 6 roues aluminium BUGATTI ... fr. 3.000	
Châssis type 46, 5 litres 300, 8 cylindres, roues fil	**100.000 "**
Supplément pour 6 roues aluminium BUGATTI ... fr. 6.000	
Châssis type 46 s, 5 litres 350, 8 cylindres, à compresseur, 6 roues aluminium	**125.000 "**

SPORT

Châssis type 55, Super-Sport, 2 litres 300, à compresseur, 2 arbres à cames, 5 roues aluminium	**105.000 "**
Châssis type 50, 4 litres 900, Sport, à compresseur, 6 roues aluminium	**180.000 "**

COURSE (sur commande)

Voiture type 51, 2 litres 300, à compresseur, 2 arbres à cames, 5 roues aluminium	
Voiture type 54, 4 litres 900, à compresseur, 2 arbres à cames, 5 roues aluminium	

Tarif 1er Octobre 1931 (France)
Ce tarif annule les précédents.
Ces prix s'entendent pour châssis ou voitures pris à l'usine de Molsheim.

JOST IMPR., MUTZIG

BUGATTI
MOLSHEIM
R. C. Saverne N° 100

MAGASIN DE VENTE : 46, Avenue Montaigne - PARIS
ATELIER DE RÉPARATION : 75, Rue Carnot - LEVALLOIS-PERRET

Voitures de TOURISME — FRANCS

CHASSIS type 57, 3 litres 300, 8 cylindres, moteur à double arbre à cames, roues fil	**63.000**
avec CARROSSERIE CONDUITE INTÉRIEURE BUGATTI	**76.000**
avec CARROSSERIE CABRIOLET BUGATTI	**80.000**
CHASSIS type 49, 3 litres 300, 8 cylindres	**58.000**
CHASSIS type 46, 5 litres 350, 8 cylindres	**95.000**
CHASSIS type 50 T, 4 litres 900, 8 cylindres, moteur à double arbre à cames et compresseur, roues aluminium	**130.000**
avec CARROSSERIE PROFILÉE BUGATTI	**160.000**

Voitures de SPORT

CHASSIS type 55, Super-Sport, 2 litres 300, à compresseur, double arbre à cames, roues aluminium	**105.000**
avec CARROSSERIE BUGATTI, ROADSTER 2 PLACES	**120.000**
avec CARROSSERIE BUGATTI, FAUX CABRIOLET OU CABRIOLET 2 PLACES	**125.000**
CHASSIS type 50 court, 4 litres 900, 8 cylindres, moteur à double arbre à cames et compresseur, roues aluminium	**150.000**

Voitures de COURSE (sur commande)

Tarif 1er Octobre 1933 (France)
Ce tarif annule les précédents.
Ces prix s'entendent pour châssis ou voitures prises à l'Usine de Molsheim.

BUGATTI

TOURISME — FRANCS

CHASSIS type 57 — Moteur 3 l. 300, 8 cylindres, en ligne, double arbre à cames	**62.000**
même châssis avec carrosserie COACH «VENTOUX», 4 places, 2 portes	**82.000**
même châssis avec carrosserie CONDUITE INTÉRIEURE «GALIBIER», 4 places, 4 portes	**83.000**
même châssis av. carrosserie CABRIOLET «STELVIO», 4 places, 2 portes	**85.000**
même châssis av. carrosserie coupé «ATALANTE», 2/3 places à toit ouvrant	**87.000**

GRAND TOURISME

CHASSIS type 57 C. — Moteur à compresseur 3 l. 300, 8 cylindres en ligne, double arbre à cames	**76.000**

SPORT

CHASSIS type 57 S. — Moteur 3 l. 300, 8 cylindres en ligne, double arbre à cames	**80.000**
même châssis avec carrosserie ROADSTER, 2 places	**103.000**
même châssis av. carrosserie coupé «ATALANTE», 2 places	**109.000**
même châssis avec carrosserie CONDUITE «ATLANTIC», 2 places	**117.000**

GRAND SPORT

CHASSIS type 57 S. C. — Moteur à compresseur 3 l. 300, 8 cylindres en ligne, double arbre à cames	**95.000**

Tarif Octobre 1936
Ce tarif annule les précédents.
Ces prix s'entendent pour châssis ou voitures pris à l'Usine de Molsheim.

MAGASIN DE VENTE
46, Avenue Montaigne - PARIS
R. C. Saverne N° A. 3

BUGATTI

TOURISME — FRANCS

CHASSIS type 57 — Moteur 3 l. 300, 8 cylindres, en ligne, double arbre à cames	**72.000**
même châssis av. carrosserie COACH «VENTOUX», 4 places, 2 portes	**103.500**
même châssis av. carrosserie BERLINE «GALIBIER», 4/5 places, 4 portes	**107.000**
même châssis av. carrosserie CABRIOLET «STELVIO», 4 places, 2 portes	**104.500**
même châssis av. carrosserie coupé «ATALANTE», 2/3 places, 2 portes	**108.000**

GRAND TOURISME

CHASSIS type 57 C. — Moteur à compresseur 3 l. 300, 8 cylindres en ligne, double arbre à cames	**88.000**

SPORT

CHASSIS type 57 S. — Moteur 3 l. 300, 8 cylindres en ligne, double arbre à cames	**95.000**
même châssis av. carrosserie coupé «ATALANTE», 2 places	**132.000**
même châssis av. carrosserie coupé «ATLANTIC», 2 places	**111.000**

GRAND SPORT

CHASSIS type 57 S. C. — Moteur à compresseur 3 l. 300, 8 cylindres en ligne, double arbre à cames	**111.000**

Tarif 1er Octobre 1937
Ce tarif annule les précédents.
Ces prix s'entendent pour châssis ou voitures prises à l'Usine de Molsheim.

MAGASIN D'EXPOSITION : 46, Avenue Montaigne - PARIS — Tél Ely. 00.69
ATELIER DE RÉPARATION : 75, Rue Carnot - LEVALLOIS-PERRET — Tél Perreire 42 40

R. C. Saverne N° A. 78

BUGATTI
MOLSHEIM
R. C. Saverne N° A. 78

TOURISME	FRANCS
CHASSIS type 57, 3 litres 300, 8 cylindres, moteur à double arbre à cames, 5 roues fil.	62.000
CONDUITE INTÉRIEURE, «GALIBIER»	79.800
COACH «VENTOUX»	82.800
CABRIOLET «STELVIO»	83.800
ROADSTER «GRAND RAID»	88.000
CHASSIS type 46, 5 litres 350, 8 cylindres, roues aluminium	90.000
CHASSIS type 50T, 4 litres 900, 8 cylindres, moteur à double arbre à cames et compresseur, roues aluminium	120.000
SPORT	
CHASSIS type 55, 2 litres 300, 8 cylindres, moteur à double arbre à cames et compresseur, roues aluminium	95.000
CHASSIS type 50, court, 4 litres 900, 8 cylindres, moteur à double arbre à cames et compresseur, roues aluminium	125.000
COURSE (voitures montées sur commande)	

Tarif 1er Octobre 1934
Ce tarif annule les précédents.
Ces prix s'entendent pour châssis ou voitures prises à l'Usine de Molsheim.

MAGASIN DE VENTE : 46, Avenue Montaigne - PARIS
ATELIER DE RÉPARATION : 75, Rue Carnot - LEVALLOIS-PERRET

BUGATTI
MOLSHEIM
R. C. Saverne N° A. 78

TOURISME	FRANCS
CHASSIS type 57 — Moteur 3 l. 300, 8 cylindres, en ligne, double arbre à cames, 5 roues fil avec pneus	62.000
même châssis avec carrosserie COACH «VENTOUX», 4 places, 2 portes	82.000
même châssis avec carrosserie CONDUITE INTÉRIEURE «GALIBIER», 4 places, 4 portes	83.000
même châssis av. carrosserie CABRIOLET «STELVIO», 4 places, 2 portes	85.000
même châssis avec carrosserie COUPÉ «ATALANTE», 2/3 places à toit ouvrant	90.000
Châssis types 46 et 50, suivant devis	
SPORT	
CHASSIS type 57 S — Moteur 3 l. 300, 8 cylindres, en ligne, double arbre à cames, 5 roues fil avec pneus	89.000
même châssis avec carrosserie TORPÉDO conforme au Code Sportif International	112.000
Compresseur et roues Bugatti duralumin, brevetées, en supplément	
COURSE (devis sur demande)	

Tarif 1er Octobre 1935
Ce tarif annule les précédents.
Ces prix s'entendent pour châssis ou voitures prises à l'Usine de Molsheim.

MAGASIN DE VENTE : 46, Avenue Montaigne - PARIS
ATELIER DE RÉPARATION : 75, Rue Carnot - LEVALLOIS-PERRET

TELEPHONE RELIANCE 3165

CUSTOMERS' CARS ARE ONLY DRIVEN BY OUR STAFF AT CUSTOMERS' OWN RISK AND RESPONSIBILITY

TELEGRAMS BUGATTIMO, CLAPROAD, LONDON

ETTORE BUGATTI
Automobiles

1 & 3 · BRIXTON ROAD
LONDON · S·W·9

WS/WA.

4th October, 1937.

A. Dugdale Esq.,
Basford Hall,
Nr. LEEK,
Staffs.

Dear Mr. Dugdale,

I have pleasure in enclosing herewith a copy of our new 1938 catalogue, which I hope you will find of some interest.

Yours truly,

W. Ford

P.S.   Owing to the recent fall in the French franc rate of exchange, our prices, although subject to alteration, are at present as follows :-

CHASSIS TYPE 57 STANDARD: £675.-(reduced from £875.)
CHASSIS TYPE 57S SPORTS : £860.-(reduced from £1100.)

Encl:

BUGATTI

TOURISME	FRANCS
CHASSIS type 57 — Moteur 3 l. 300, 8 cylindres, en ligne, double arbre à cames	73.000
même châssis av. carrosserie COACH «VENTOUX», 4 places, 2 portes	107.500
même châssis av. carrosserie BERLINE «GALIBIER», 4/5 places, 4 portes	111.000
même châssis av. carrosserie CABRIOLET «STELVIO», 4 places, 2 portes	108.500
même châssis av. carrosserie COUPÉ «ATALANTE», 2/3 places, 2 portes	112.000
GRAND TOURISME	
CHASSIS type 57 C. — Moteur à compresseur 3 l. 300, 8 cylindres en ligne, double arbre à cames	90.000
SPORT	
CHASSIS type 57 S. — Moteur 3 l. 300, 8 cylindres en ligne, double arbre à cames	100.000
même châssis av. carrosserie COUPÉ «ATALANTE», 2 places	140.000
même châssis av. carrosserie COUPÉ «ATLANTIC», 2 places	150.000
GRAND SPORT	
CHASSIS type 57 S.C. — Moteur à compresseur 3 l. 300, 8 cylindres en ligne, double arbre à cames	120.000

Tarif 2 Décembre 1937
Ce tarif annule les précédents.
Ces prix s'entendent pour châssis ou voitures prises à l'Usine de Molsheim.

MAGASIN D'EXPOSITION : 46, Avenue Montaigne - PARIS — Tél Ely 00.69
ATELIER DE RÉPARATION : 75, Rue Carnot - LEVALLOIS-PERRET — Tél. Pereire 42.40

R. C. Saverne N° A. 78

BUGATTI

TOURISME	FRANCS
CHASSIS type 57, moteur 3 L. 300, 8 cylindres en ligne, double arbre à cames	75.000
même châssis avec BERLINE «GALIBIER» 4-5 places, 4 portes	116.000
même châssis avec CABRIOLET «STELVIO», 4 places, 2 portes	115.000
même châssis avec CABRIOLET «ARAVIS», 2-3 places, 2 portes	125.000
GRAND TOURISME	
CHASSIS type 57 C, moteur 3 L. 300, 8 cylindres en ligne, double arbre à cames, avec compresseur-mélangeur	95.000
même châssis avec BERLINE «GALIBIER», 4-5 places, 4 portes	136.000
même châssis avec CABRIOLET «STELVIO», 4 places, 2 portes	135.000
même châssis avec CABRIOLET «ARAVIS», 2-3 places, 2 portes	145.000

Tarif 13 Octobre 1938
Ce tarif annule les précédents.
Ces prix s'entendent pour châssis ou voitures prises à l'Usine de Molsheim.

MAGASIN D'EXPOSITION : 46, Avenue Montaigne - PARIS — Tél. Ely 00-69 ou 46-14
ATELIER DE RÉPARATION : 75, Rue Carnot - LEVALLOIS — Tél. Pereire 42.40

R. C. Saverne N° A. 78

Lucky British... in 1937!
A French Franc devaluation and immediatly the possibility to be the proud owner of a Bugatti for £ 200 less.
En 1937, la dévaluation du franc français permettait aux Anglais d'acheter des Bugatti «à prix réduits».
Comme cette lettre en témoigne, le châssis 57 Standard était offert avec £ 200 de réduction.

If so many Bugatti still run on the world roads, it is because some men, like Henri Novo (when other destroyed the "junk"), preserved, restored and maintained these precious (and often fragile) pieces of machinery. Here, Henri Novo in his former shop of Vitry, near Paris in the early sixties.

Si de nombreuses Bugatti sillonnent encore les routes du monde en 1978, nous le devons à des hommes, comme Henri Novo, qui surent (alors qu'on mettait volontiers les voitures anciennes à la ferraille) préserver, restaurer et entretenir ces précieuses (et souvent délicates) mécaniques. On le voit ici dans son ancien atelier à Vitry, près de Paris.

*Henri Novo on the front of his workshop,
to-day in Marolles near Paris.
Henri Novo devant son atelier,
aujourd'hui à Marolles.*

*A Bugatti: a lot of fun... but be carefull.
Une Bugatti : beaucoup de plaisir... mais des soins attentifs.*

*A Bugatti during a restoration process :
A long time of meticulous craftmanship.
Une Bugatti en restauration : «Le temps de la longue
patience». Un an, souvent plus, d'un travail méticuleux.*

early days page 22
type 10 page 26
type 13 page 32
Roland Garros p. 42
16 Soupapes et Brescia p. 46
type 28 page 62
type 30 page 66

 **type 44** page 146
 **type 45/47** p. 160
type 46 page 164
type 49 page 172
type 50 page 180
type 51 page 190
 **type 52 Baby** p. 198

1908

type 32 page 78	type 35/39 p. 82	type 35 A/37 p. 98	type 38 page 108	type 40 page 112	type 41 Royale p. 120	type 43 page 136

type 53 page 202	type 54 page 204	type 55 page 208	type 57 page 216	type 57 S page 248	type 59 page 264	les autres page 272

1951

'early days'

Bugatti was 19 when he designed at home in Milan his first car having in the previous two years first earned himself a reputation as a daredevil young driver of motorised tricycles in local road races, and then experimented with the addition of De Dion engines to tricycles. The car was an extraordinary achievement for one so young, and must have been based entirely on observation of what others were doing. Perhaps young Ettore was fortunate in getting the sponsorship and help of Count Gulinelli. The car had 4-cylinders, 90 × 120 mm, 3 litres, four speeds and chain drive, and when exhibited at an Exhibition in Milan in 1901 won a gold medal; a licence was sold to Baron de Dietrich from Alsace-Lorraine, a licence to be signed by father Carlo as the boy was under age.

Bugatti went to Niederbronn at the age of 21 to design de Dietrich cars for the Baron – not surprising that his ego was stimulated! Several large chain-driven cars were produced and achieved some success, although de Dietrich also had others designing for him. It was a time for experiment to see what proved successful in the expanding market for automobiles.

In 1904 Bugatti finished with de Dietrich and joined Emil Mathis, later the maker of the Mathis car, in Strasbourg. Several "Hermes" models were the result, but still the cars were large and chain driven. Bugatti continued to compete in the high speed trials of the day and his performances were noted in the Press.

In 1906 or 1907 Bugatti and Mathis parted, and Bugatti designed a new car which he licenced to the Deutz Company of Cologne (now Klockner-Humboldt-Deutz); then he moved to Cologne and acted as Chief Engineer, designing a second car for them. The first was a 10.6 litre 4 cylinder, chain-driven model, and the second a 3.2 litre, and now for the first time having a "conventional" chassis with a rear axle of modern type. This relationship with Deutz continued until the end of 1909 when he left to set up on his own at Molsheim.

Consulting design work for others did not however then finish. In 1912 he designed two cars for Peugeot, one of which, the Baby Peugeot being very successful. Throughout the remainder of his career he was always designing something, even in 1939 a complete fighter aeroplane under contract from the French Air Ministry.

Ettore Bugatti on the small car built in 1907.
(From a leaflet published by Bugatti in 1928).
Extrait d'une plaquette historique éditée en 1928 par Bugatti.

Ettore Bugatti (at the wheel) and Emile Mathis in the 1902 De Dietrich.
Ettore Bugatti au volant de la Dietrich 1902 de sa création
A ses côtés le futur constructeur Emile Mathis.

`early days`

Les débuts.

C'est à dix-neuf ans que Bugatti dessina à Milan sa première voiture. Deux ans auparavant, il s'était fait une réputation de coureur téméraire dans toutes les courses locales sur tricycle à moteur. Il avait alors essayé d'adapter le moteur de Dion sur les tricycles. La voiture qu'il dessina était assez extraordinaire pour quelqu'un de son âge, et fut entièrement conçue en observant ce que les autres faisaient à cette époque. Peut-être Ettore eut-il la chance d'être parrainé et d'obtenir l'appui du Comte Gulinelli. La voiture avait 4 cylindres, 90 × 120 mm, 3 litres, quatre vitesses, la transmission se faisant par chaîne. Lorsqu'elle fut présentée à l'Exposition de Milan en 1901, elle reçut la médaille d'or. Une licence de fabrication fut vendue au Baron de Dietrich, d'Alsace-Lorraine, et elle fut signée par le père d'Ettore puisqu'il n'était pas encore majeur.

A vingt et un ans Bugatti se rendit à Niederbronn pour dessiner les voitures «De Dietrich» pour le Baron — il est facile de comprendre que son «moi» fut très stimulé! Plusieurs voitures à transmission par chaîne furent produites et assez appréciées, mais de Dietrich avait aussi d'autres dessinateurs qui travaillaient pour lui. C'était l'époque des recherches pendant laquelle chacun essayait de trouver ce qui aurait du succès dans ce marché tout neuf de l'automobile qui grandissait de jour en jour.
En 1904 Bugatti, ayant terminé sa collaboration avec de Dietrich, partit pour Strasbourg chez Emile Mathis, qui devint plus tard le constructeur de la voiture Mathis. De cette collaboration naquirent plusieurs modèles «Hermès», mais les automobiles étaient encore grandes et à transmission par chaîne. Bugatti continuait à participer aux courses de vitesse de l'époque et ses exploits étaient mentionnés dans la presse.

Vers 1906 ou 1907 Bugatti et Mathis se séparèrent. Bugatti conçut une nouvelle voiture dont il donna la licence de fabrication à la Société Deutz de Cologne (aujourd'hui Klockner-Humboldt-Deutz); puis il alla s'installer à Cologne comme Ingénieur en Chef et conçut une seconde voiture pour Deutz. La première automobile avait 4 cylindres, 10,6 litres, et une transmission par chaîne; la seconde, une 3,2 litres avait pour la première fois un châssis «conventionnel» et un essieu arrière de type moderne. La collaboration avec Deutz dura jusqu'à la fin de l'année 1909, date à laquelle Bugatti décida de s'établir à son propre compte à Molsheim. Il continua cependant à travailler avec d'autres. En 1912 il conçut deux voitures pour Peugeot, et en particulier la Bébé Peugeot qui eut beaucoup de succès.
Il passa sa vie à dessiner et créer quelque chose (des centaines de brevets en témoignent), même un avion de chasse pour le Ministère de l'Air en 1939.

1898

Voiture Bugatti · Milan.

1901

Voiture de Dietrich · Niederbronn.
Licence Bugatti.

1904

Voiture Hermes · Mathis & Cie., Strasbourg.
Licence Bugatti.

1907

Voitures "Deutz", Gasmotorenfabrik Deutz
Licence Bugatti.

1909

Les "Deutz" de la Coupe Prince Henri.
3 Voitures au départ. 3 Voitures à l'arrivée.
Ayant reçue chacune la Plaquette d'honneur.

1910

La "Bugatti" Type Prince Henri.

Voitures "Bugatti 1898"

Exposition Internationale d'Automobiles à Milan 1901

Prix de la Ville de Milan

Prix d'Encouragement de l'Automobile Club de France.

Voitures "Hermès" Licence Bugatti

"Mathis & Cie., Strasbourg".

Exposition Internationale de Milan 1906

Medaille d'or.

Voitures "Deutz" Licence Bugatti

„Gasmotoren-Fabrik Deutz".

Exposition Internationale d'Automobiles à Saint Petersbourg 1910

Medaille d'or.

1910 Bugatti Catalogue showing the different models made by Ettore between 1898 and 1910.
Catalogue Bugatti 1910 montrant les différentes créations d'Ettore Bugatti de 1898 à 1910.

type 10

Type 10: Motor left side. Moteur côté gauche.

Motor right side. Moteur côté droit.

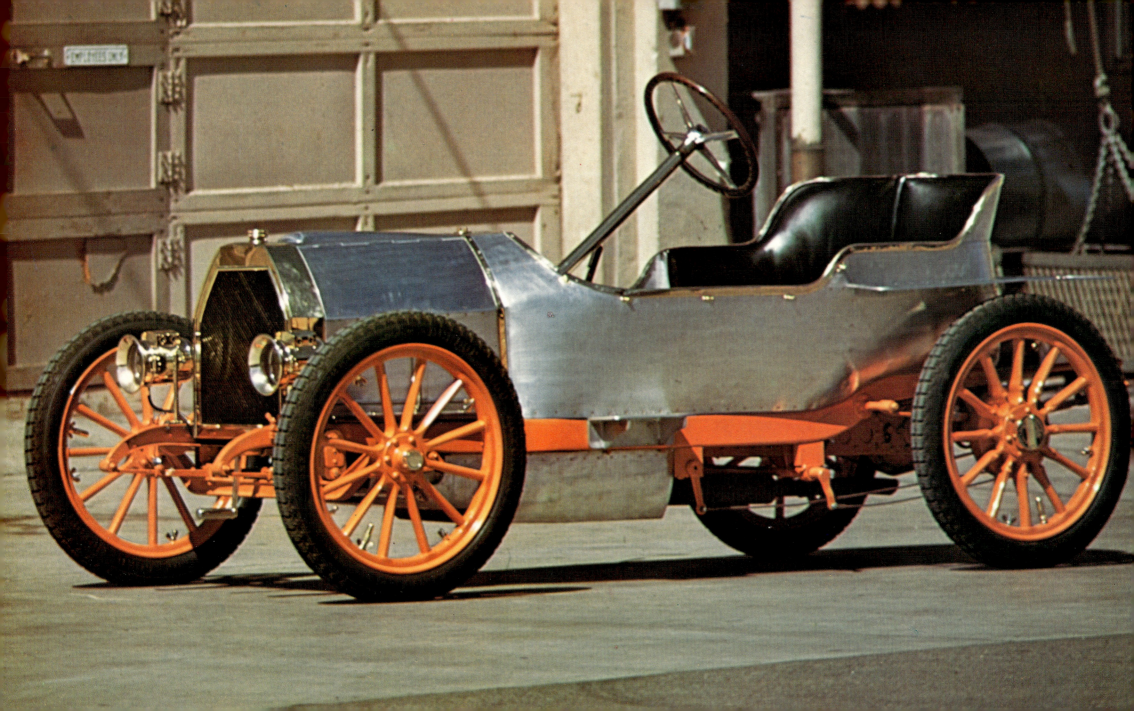

type 10

Le Petit Pur-Sang

As we have noted, in 1908 Bugatti was appointed Chief Engineer to the Deutz factory at Cologne. He designed two large cars for them which went into successful production. Then suddenly we see a change of direction in his thinking, when he created a small, indeed miniature, car by comparison with all his work up to that point.
What caused this change? There is evidence that is was the appearance of the delightful little Isotta Fraschini designed by Cattaneo for the 1908 Coupe des Voiturettes at

The very first picture of the 1908 type 10 motor, 4 cylinders, 8 valves, overhead camshaft.
La première photo dévoilant en 1908 le moteur 4 cylindres, arbre à cames en tête, 8 soupapes, de la type 10.

Dieppe, with a 4 cylinder engine, 62 × 100 mm, an overhead camshaft operating 8 valves, a separate gearbox with 4 speeds and a normal type rear axle; the wheelbase and track were about 2 m × 1 m.

Bugatti now designed and made evidently in the cellar of his house at Cologne and starting in 1908, the prototype of what is known as the Type 10, the original "Petit Pur Sang" which has a striking similarity in conception, but not in detail to the Isotta Fraschini. It too was 62 × 100 mm, with 4 cylinders, overhead camshaft with 8 valves, separate 4 speed gearbox and a normal rear axle. Suspension was by half – elliptic springs and the wheelbase and track were 2 m × 1 m!

The valve operating mechanism was interesting in the use of curved tappets ("culbuteurs") between the cam and the valve, sliding in exposed housings on top of the cylinder block, similar to that used on the larger Deutz.

It was this car which laid the foundation for the Bugatti automobile as it is known today. Many of the technical concepts used in its design persisted until the end of the Bugatti era some 30 years later; a similar engine with different valve mechanism remained until 1925. The arrangement of the gearbox, naturally reinforced, was used in all racing models up to the Type 51 of 1932. The rear axle arrangement was used, again much strengthened, up to the end in 1940 in the Type 57. If you compared the water pump of the first car with the last you would recognise the similarity!

Happily this little prototype is still preserved and is now in the Harrah Museum in Reno. Bugatti had removed it, probably to Milan, in 1914 just before Alsace was invaded. He moved it to Bordeaux just before the second invasion in 1940. What happened to it then has never been established but it was advertised for sale in 1962 in the Bordeaux area, bought by an enthusiast in Marseilles, lacking its radiator, sold to Brussels to a well-to-do Hotel owner-collector, and then when the Brussels collection was dispersed went to the U.S.A. where it is now fully restored with a replica radiator.

type 10

Le petit pur-sang.

Comme nous l'avons déjà dit, en 1908 Bugatti fut nommé Ingénieur en Chef à l'usine Deutz à Cologne. Il conçut pour cette firme deux grandes voitures qui furent fabriquées avec succès. Puis, tout d'un coup nous voyons sa façon de penser prendre une nouvelle direction. Il crée une petite voiture, en fait presque une miniature de voiture par rapport à tout ce qu'il avait fait jusque là.

A quoi est dû ce changement? Il semblerait qu'il y ait eu l'influence de l'adorable petite Isotta Fraschini dessinée par Cattaneo pour la Coupe des Voiturettes de 1908, à Dieppe. L'Isotta avait un moteur à 4 cylindres, 62 × 100 mm, avec arbre à cames en tête actionnant 8 soupapes, une boîte de vitesses séparée à 4 vitesses, et un essieu arrière normal; l'empattement et la voie étaient d'environ 2 m × 1 m.

Bugatti conçut et probablement fabriqua le prototype de ce qu'on appelle aujourd'hui le Type 10, dans la cave de sa maison de Cologne à partir de 1908. Le «Petit Pur-Sang» original était très proche de conception de l'Isotta Fraschini mais très différent dans les détails. Le moteur était aussi un 4 cylindres de 62 × 100 mm à arbre à cames en tête actionnant 8 soupapes. Boîte de vitesses séparée à quatre vitesses et essieu arrière normal. La suspension était assurée par des ressorts semi-elliptiques et l'empattement et la voie étaient de 2 m × 1 m!

Le mécanisme faisant fonctionner la soupape était intéressant parce qu'il utilisait des culbuteurs entre la came et la soupape, glissant dans des logements ouverts au-dessus du bloc cylindres, semblable à celui utilisé sur les grosses voitures Deutz.

C'est cette automobile qui servit de base à la Bugatti que nous connaissons aujourd'hui. La plupart des principes techniques qui furent utilisés dans sa conception ont duré jusqu'à la fin de l'ère Bugatti, pendant presque trente ans; un moteur similaire avec un mécanisme de soupape différent fut utilisé jusqu'en 1925. La disposition de la boîte de vitesses qui fut naturellement renforcée fut utilisée dans tous les modèles de course jusqu'au type 51 de 1932. La disposition de l'essieu arrière, lui aussi renforcé, fut utilisée jusqu'à la fin en 1940 sur le type 57. Si l'on comparait la pompe à eau de la première automobile à celle de la plus récente on verrait combien elles ont de points communs!

Advertisement published by "La Vie Automobile" (December 14th., 1912).
Publicité parue dans «La Vie Automobile» du 14 décembre 1912.

Heureusement ce petit prototype a été préservé et se trouve maintenant au Musée Harrah à Reno. Bugatti l'avait fait enlever probablement en 1914 pour l'amener à Milan juste avant l'invasion de l'Alsace. Il le déplaça encore pour le mettre à l'abri à Bordeaux avant la seconde invasion de 1940. On n'a jamais su ce que devint le prototype à partir de cette date, mais en 1962 il fut mis en vente dans la région de Bordeaux et acheté par un amateur marseillais. Mais il avait entre temps perdu son radiateur. Il fut revendu à Bruxelles à un riche hôtelier-collectionneur et finalement, lorsque cette collection fut dispersée, il fut emmené aux USA où il se trouve actuellement avec un nouveau radiateur, réplique de l'original.

type 13

Ettore's beautiful signature on the type 13 motor.
La jolie signature d'Ettore Bugatti sur le moteur de la type 13.

Type 13 motor (left side).
Moteur type 13 (côté gauche).

Peter Hampton's 1910 type 13 dashboard and instruments.
Le tableau de bord de la Torpédo type 13 1910 de Peter Hampton.

type 13

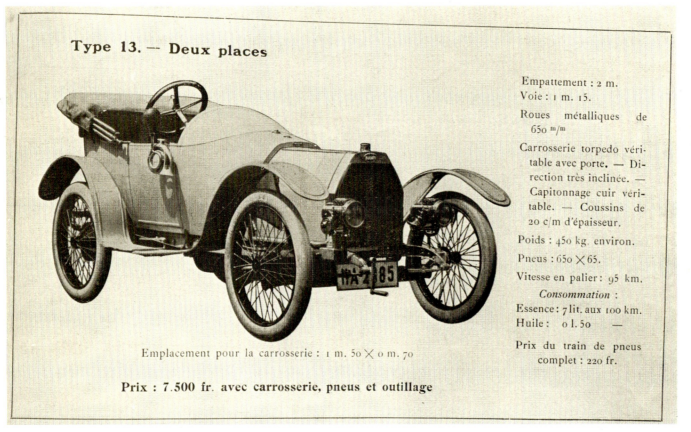

Extrait du catalogue Bugatti 1912.

T 13 - Molsheim

The success of the prototype "Pur-Sang" and the urge to work for himself led Ettore to set up in business on his own account. At the end of 1909, aided by a Spanish banking friend de Viscaya, he installed himself with his faithful mechanic Friderich and a few workmen in an old dyeing works at Molsheim and set out to make the production version of the Type 10, to be known as Type 13, 15 or 17 depending on the wheelbase (respectively 2, 2.4 and 2.55 metres). The engine was improved by enclosing the valve mechanism in a neat casing, embellished by the signature Ettore Bugatti, and the cylinder diameter was increased to 65 mm, the stroke being 100 as before, 1.327 cm³. As on the prototype the cylinder block was in one piece with the valve passages integral, although the exhaust valve and its seat

Type 13. Torpédo 1911. Collection D. Hebsgaard (Danemark).

type 13

could be unscrewed for replacement — a common and desirable feature perhaps in those days when good exhaust valve steel had not been developed. The block sat on an aluminium crankcase casting with arms attached to the frame — a characteristic Bugatti feature on all his subsequent cars. There was a magneto on one side at the front of the engine and a water pump on the other, and the radiator had an elegant flattened shape at the top.

Suspension was by 1/2 elliptic springs, the longer wheelbase models having double rear springs to carry heavier body work.

Production in 1910 was 5 cars, and 75 in 1911. Two of the 1910 cars still exist, one in the Prague Technical Museum and another in England. This last car, a Type 15, originally carried a remarkable closed

1913 Bugatti Catalogue showing the types 13, 15 and 17.
Racing victories were presented as important attractive advertisement.
Catalogue Bugatti 1913 présentant les types 13, 15 et 17.
Les victoires en course étaient déjà présentées comme un élément publicitaire important.

body, a Berline by Gangloff of Colmar, which was exhibited at the Paris Salon in 1910; the chassis was sold to an Englishman in 1912, and is now in the Hampton Collection.

The Type 13 was very successful in competitions, hill climbs and even some racing events, and was certainly at the root of the success of the Bugatti automobile. Visually attractive, unusual, with a remarkable road performance for its day, expensive, it caused comment wherever it went. Aided by the personality of its designer, immensely creative, aloof, almost arrogant, the mystique which had surrounded even earlier Bugatti designs became fully developed in these early days at Molsheim. The problems to be solved were of production "on a shoe-string", and of finance: the cars sold themselves and customers came knocking on the door.

An improved model appeared for the 1913 Salon now with an oval radiator and a larger cylinder bore, 66 or 68 mm and we now see for the first time the reversed quarter elliptic springs at the rear, a characteristic Bugatti feature from then on until the end in 1940.

War came to German Alsace in August 1914 and Bugatti closed the factory and escaped to Italy with the help of his friend and companion at Molsheim, the Duke of Bavaria, just in time.

type 13

T 13 - Molsheim.

Le succès du prototype «Pur-sang» et le désir de travailler pour lui-même poussa Ettore à s'établir à son propre compte. A la fin de 1909, aidé par un ami banquier espagnol, de Viscaya, il s'installa avec son fidèle mécanicien Friderich et quelques ouvriers dans un vieil atelier de teinturerie à Molsheim. Là, il se mit à fabriquer la version de série du Type 10, connu sous les noms de Type 13, 15 ou 17 suivant l'empattement (respectivement 2 mètres, 2,40 mètres et 2,55 mètres).

Une amélioration fut apportée au moteur embelli par la signature d'Ettore Bugatti, en enfermant le mécanisme de soupape dans un carter. L'alésage fut porté à 65 mm, la course demeurant à 100 comme avant, ce qui donnait une cylindrée de 1.327 cm³. Comme sur le prototype, le bloc cylindres était d'une pièce avec les passages de soupapes intégrés. Cependant la soupape d'échappement et son siège pouvaient être dévissés pour être remplacés — caractéristique très intéres-

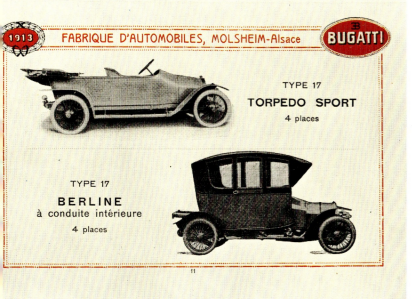

sante à cette époque qui ne connaissait pas encore un bon acier pour soupapes d'échappement. Le bloc reposait sur un carter moulé en aluminium ayant des supports attachés au châssis — une caractéristique Bugatti que l'on retrouve sur toutes ses voitures suivantes. La magneto se trouvait sur le côté à l'avant du moteur et une pompe à eau de l'autre côté ; le radiateur, légèrement aplati à sa partie supérieure, avait une forme très élégante. Pour la suspension, des ressorts semi-elliptiques ; les modèles à empattement long recevaient des ressorts doubles à l'arrière pour supporter des carrosseries plus lourdes.

En 1910 Bugatti produisit 5 voitures et 75 en 1911. Deux des voitures de 1910 existent encore, une se trouve au Musée Technique de Prague et l'autre en Angleterre. Cette dernière, du Type 15, était à l'origine une jolie berline carrossée par Gangloff de Colmar. Elle fut exposée au Salon de Paris en 1910 ; le châssis fut vendu à un Anglais en 1912 et se trouve maintenant dans la Collection Hampton. Le type 13 eut beaucoup de succès en course, sur les circuits et en courses de côte. Ce type fut certainement à la base du succès des voitures Bugatti. Joli, de forme inhabituelle, avec des performances sur route remarquables pour l'époque, coûteux, il faisait sensation partout où on le voyait. La mystique qui entourait les premières Bugatti est née au début de l'époque de Molsheim ; elle fut engendrée par la personnalité du constructeur, son immense talent de créateur, mais surtout par l'homme hautain et presque arrogant. Le problème le plus important à résoudre était celui du financement ; les voitures se vendaient toutes seules et les clients faisaient la queue pour en avoir.

Un modèle amélioré apparut au Salon de 1913, il avait un radiateur ovale et un alésage plus grand, 66 ou 68 mm et pour la première fois apparaissaient à l'arrière les ressorts inversés 1/4 elliptiques, une caractéristique que Bugatti garda jusqu'à la fin en 1940.

La guerre arriva dans l'Alsace alors allemande, en août 1914. Bugatti ferma son usine et s'enfuit en Italie, aidé par son ami le Duc de Bavière.

type 13

Friend and banker of the young Bugatti firm, de Viscaya was too, a good racing driver. Here, at the 1911' Mont Ventoux hill climb.
De Viscaya, ami et financier d'Ettore Bugatti à ses débuts, fut aussi un grand coureur. Ici, sur un type 13, il négocie un virage dans la course de côte du Mont Ventoux en 1911.

Two "type 13". Tours Race Meeting 1st. June 1914.
Deux type 13 au Meeting de Tours le 1er juin 1914.

Type 13. Torpédo 1911. Collection Museon di Rodo. Uzès. (France).

"ROLAND GARROS"

The famous French aviator, Roland Garros at the wheel of the 5 litre, chain driven Bugatti (1913).
Le célèbre aviateur Roland Garros au volant de la Bugatti 5 litres à laquelle il devait donner son nom (1913).

The 5 litre of Roland Garros

In 1912 Bugatti, faithful still to his experience with cars much larger than the production "Petit Pur-Sang" produced a new model for racing and competition work, and retaining his earlier chain drive to the rear wheels. Indeed it may be that the first car we know of had been brought with him from Cologne when he started at Molsheim, as it differs in detail from later versions. This first chassis bears the serial number 471 and has recently been reconstructed in England (the first Type 13 of 1910 was serial number 361).

The best known chassis however is Serial 474 also now in Britain where it has been called "Black Bess" for over 50 years, but is more properly known as the "Garros" car, after the famous French wartime aviator Roland Garros to whom Ettore delivered it in 1912; Garros had it fitted with a handsome 2-seat body by Labourdette of Paris, coachwork which it still carries.

This model (for which there is no known Type number) has a 4 cylinder engine, 100 × 160 mm, 5 litres capacity with an overhead camshaft and for the first time

5 litre, chain driven Arnold Foster (G.-B.) "Roland Garros" at speed (Silverstone, June 1977).
5 litres, transmission par chaîne, la «Roland Garros» d'Arnold Foster (G.-B.) en pleine vitesse à Silverstone (1977).
Photo Jean-Paul Caron.

"ROLAND GARROS"

but not the last 3 valves per cylinder — 2 inlet, 1 exhaust. There were rocker levers between the cams and valves, and the cylinder head was integral with the cast iron cylinder block. The crankshaft had 3 bearings with intermittent lubrication, the systems employed differing on the various surviving cars.

Later 3 more chassis were constructed, one we believe for Bugatti's friend the Duke of Bavaria, and for the faithful Friderich to drive at the 500 mile race at Indianapolis in 1914, without success, and one going to the U.S.A. for the same race in 1915 from Germany (which was not then at war with the U.S.A.); again it was unsuccessful but remained there being raced by several drivers until it disappeared into obscurity. This car may in fact have been the one destined for or actually delivered to the Duke of Bavaria, as there is an unused chassis which was retained by the works through two wars until it passed into the Fritz Schlumpf collection.

Bugatti had many successes with this model in hill climbs such as Mont Ventoux. His car rebuilt today is still performing with remarkable effect in the hands of Nigel Arnold-Foster.

A 5 litre type "Roland Garros" hill-climbing at the Mont Ventoux meeting (10-11 August 1912).
Une Roland Garros au Meeting du Mont Ventoux (10-11 août 1912).

La 5 litres de Roland Garros

En 1912, Bugatti, encore enthousiaste de l'expérience qu'il avait eue avec des voitures plus grosses que le «Petit Pur-Sang», lança un nouveau modèle conçu pour la course en utilisant son premier système de transmission par chaîne sur les roues arrière. Il semblerait que la première automobile dont nous connaissons l'existence ait été celle qu'il amena avec lui de Cologne lorsqu'il s'installa à Molsheim. En effet, les détails de cette première voiture sont différents des versions qui ont suivi. Ce premier châssis porte le numéro de série 471 et a été récemment reconstruit en Angleterre (le premier Type 13 de 1910 portait le numéro de série 361).

Le châssis le plus connu porte le numéro 474. Lui aussi en Angleterre, appelé pendant plus de cinquante ans «Black Bess», il est connu sous le nom de «Roland Garros», célèbre aviateur français auquel Ettore livra la voiture en 1912. Roland Garros y fit installer une belle carrosserie à deux places (qui existe encore) réalisée par Labourdette à Paris.

Ce modèle (dont on ne connaît pas le numéro du type) a un moteur quatre cylindres, 100 × 160 mm, d'une capacité de 5 litres avec arbre à cames en tête et pour la première fois, mais pas pour la dernière, trois soupapes par cylindre — deux d'admission et une d'échappement. Il y avait des culbuteurs entre les cames et les soupapes et la culasse faisait partie intégrante du bloc cylindres en fonte. Le vilebrequin avait trois paliers avec lubrification intermittente, les systèmes employés variant sur les différentes voitures retrouvées.

Plus tard trois autres châssis furent construits, l'un pour l'ami de Bugatti, le Duc de Bavière, l'autre pour être conduit par le fidèle Friderich aux cinq cents milles d'Indianapolis en 1914, sans succès, et le dernier envoyé d'Allemagne aux USA pour la même course en 1915 (l'Allemagne n'étant pas à cette époque en guerre avec les USA). Elle n'eut pas davantage de succès mais elle demeura en Amérique, fut conduite par plusieurs coureurs puis on en perdit la trace. Cette dernière voiture pourrait en fait être celle qui fut destinée ou peut-être même livrée au Duc de Bavière, puisqu'il y a un châssis non utilisé qui fut gardé dans les ateliers pendant les deux guerres avant de passer dans la collection de Fritz Schlumpf.

Bugatti remporta de nombreux succès avec ce modèle dans les courses de côte telles que celle du Mont Ventoux. Cette voiture aujourd'hui reconstruite a, entre les mains de Nigel Arnold-Foster, des performances encore remarquables.

16 SOUPAPES & BRESCIA

Brooklands 1922. Cushman and his Brescia.
Cushman sur sa Brescia à Brooklands en 1922.

*Cushman at Brooklands in 1923 at the wheel of a Special
bodied Brescia after the 200 kilometers race which he performed at 147 km/h.*
Cushman, à Brooklands en 1923, après la course des 200 kilomètres,
sur sa Brescia équipée d'un carénage avant avec laquelle il vient de réaliser
147 km/heure de moyenne.

«16 Soupapes» Torpédo 1920. Collection M.S. (France).

16 SOUPAPES & BRESCIA

The "Seize-Soupapes" or Brescia.

Ettore Bugatti had prepared 3 special versions of the Type 13 for a Voiturette Grand Prix in August 1914 which was cancelled by the imminence of war. He buried the new engine parts at Molsheim and escaped to Italy just in time to spend the war first there and then in Paris. In 1919 he returned to Molsheim and recovered the parts in good condition!

The new engine had 16 valves, 4 per cylinder operated as before by an overhead camshaft, each valve opened by a sliding, banana-shaped follower "culbuteur." The crankshaft stroke was as before (100 mm) but the cylinder bore was 66 mm (1.368 cm³), later 68 mm (1.453 cm³) and finally 69 mm (1.496 cm³).

Mrs. Marguerite Saie "16 Soupapes" going ahead of the Mrs. Bellet "Brescia" during the 1977 Grand Prix de Montreux in Switzerland.
La « 16 Soupapes » Torpédo Sport 1920 de Madame Marguerite Saie précédant la Brescia de Madame Bellet lors de la rétrospective du Grand Prix de Montreux en août 1977 (Suisse). Photo D.P.P.I.

16 SOUPAPES & BRESCIA

The car won the 1920 Le Mans G.P. des Voiturettes which gave the firm much beneficial publicity, and then in 1921 a further improved version with the crankshaft carried on ball bearings had a sensational win at the Brescia Grand Prix, filling the first four places and cementing Bugatti's reputation once and for all. The model was henceforth known as the Brescia, strictly this referring to the full race T 13 version, of which 25 or 30 were made, while the production touring models (Types 22 or 23) were listed as "Brescia Modifiée". Strangely in France the model is usually known as the Type 27 which properly refers only to this version of the engine, but this designation was not used in Bugatti catalogues.

The "16-valve" or Brescia was produced between 1919 and 1926, over 2.000 being made, and was successively developed and improved: crankshaft bearings as mentioned, improved oil supply to the connecting rods, forward mounting of the steering box to improve the space for bodywork, reinforced gearbox with wider gears, and eventually front wheel brakes. The racing models had twin magnetos mounted in the dash and driven from the end of the camshaft; this feature could also be specified on the touring models as an extra.

At that time Bugatti did not make coachwork (except for the Type 13, whose rear tank and side panels could scarcely be called a body!), and the cars were fitted with bodies by all the well-known coachbuilders of the day, usually sporting 2 and 4 seat versions, and an occasional "conduite interieure". Lavocat & Marsaud, Carrosserie Moderne, Gaston Grummer, Jarvis, Compton were among the well-known names; many a chassis went to the unknown craftsman around the corner.

It was the Brescia which established Bugatti's reputation all over the world as they were sold widely in Europe, South America, even to India, Japan and the U.S.A.

There are many today who can still recall the pleasure these cars gave them on the road, good and sensitive steering, surprising comfort, the easiest of gear changes and a remarkable performance with what for the period was a good turn of speed (110-120 k.p.h.). What matter if the brakes on the early cars were poor, almost non-existant, you could manœuvre yourself out of trouble!

«16 Soupapes» Torpédo 1920.

16 SOUPAPES & BRESCIA

"BUGATTI" 4 Cylindres - 16 Soupapes

Type "BRESCIA" modifié

CHASSIS. — La maison BUGATTI construit trois types de châssis (13, 22 et 23) qui ne diffèrent que dans les longueurs carrossables.

Le châssis, en tôle emboutie, forme U, est rétréci vers l'avant. Ceci a l'avantage : 1° De supporter les moteurs sans l'adjonction d'un faux châssis ; 2° De permettre des virages de très petit rayon, très appréciables en ville et dans la montagne.

Le châssis est très surbaissé.

MOTEUR. — Les cylindres, au nombres de 4, sont monobloc, et coulés d'une seule pièce avec la chemise d'eau.

Les soupapes d'admission et d'échappement interchangeables, placées dans la culasse du cylindre, sont actionnées par un seul arbre à cames, et par l'intermédiaire de poussoirs en acier guidés dans des boîtiers en bronze régulés ; le tout enfermé dans un carter très facilement démontable. Un arbre vertical, à l'avant du moteur, actionne l'arbre à cames ainsi que la magnéto et la pompe à eau placée de part et d'autre du moteur.

L'arbre vilbrequin est en deux pièces, il tourne sur roulements à billes par sa portée centrale et arrière, la portée avant étant supportée par un coussinet en bronze au plomb.

Les pistons sont en aluminium coulé, munis de 4 segments.

Le carter moteur est en deux pièces, coulé en aluminium. La partie inférieure sert de réservoir d'huile.

CARBURATEUR. — Le carburateur est du système automatique et permet une consommation économique, ainsi que des reprises très franches et très puissantes.

GRAISSAGE. — Le graissage se fait par l'intermédiaire d'une pompe à engrenages à grand débit. Elle puise l'huile dans le carter inférieur du moteur, faisant fonction de réservoir, et envoie : d'une part, dans le carter d'arbre à cames, d'où elle retombe, après avoir graissé les divers organes qui y sont contenus, dans le carter moteur ; d'autre part, elle est envoyée, par l'intermédiaire d'une rampe longeant le carter inférieur et d'une série de gicleurs, dans des gorges du vilebrequin, d'où elle part, par force centrifuge, dans les manetons sur lesquels sont fixées les têtes de bielle.

BOITE de VITESSES. — Le changement de vitesse est du type à 3 balladeurs, avec 4 vitesses et marche arrière, la quatrième vitesse étant en prise directe. Les organes de frottement sont cémentés et rectifiés après trempe.

ALLUMAGE. — Toutes les voitures sont munies d'une magnéto à haute tension, à simple allumage, avec réglage de l'avance par l'intermédiaire d'une manette placée sur la planche d'appareils de bord.

RADIATEUR. — Il est à nid d'abeilles, avec une très grande surface de refroidissement permettant de supprimer le ventilateur ainsi que tous ses ennuis. Le radiateur est suspendu au châssis et ne craint aucunement les vibrations pouvant amener des détériorations quelconques.

EMBRAYAGE (Breveté BUGATTI). — Il est constitué par des lamelles en fonte et acier, le tout enfermé dans le volant du moteur d'une façon étanche permettant un graissage abondant qui évite l'échauffement. Il fonctionne sous une faible pression de la pédale.

TRANSMISSION. — La transmission est effectuée par un arbre à double cardan, et exempte de tout bruit.

FREINS. — Freins sur les 4 roues (même système que sur les voitures du Grand-Prix). La pédale commande les 4 freins, qui sont parfaitement équilibrés par un différentiel, assurant ainsi un freinage puissant et régulier, sans grand effort.

Un frein à main (frein de secours) agit sur les roues arrière.

DIRECTION. — La direction s'effectue par l'intermédiaire d'une vis et d'une roue hélicoïdale dont l'axe est solidaire du levier de direction. Son graissage s'opère par l'huile en circulation dans le carter moteur. Les barres d'accouplement et de connection sont à rotules, évitant ainsi tout coincement néfaste et un jeu prématuré. Toutes les pièces de la direction sont soigneusement exécutées en aciers de premier choix.

ESSIEU ARRIÈRE. — Le pont arrière est constitué par deux demi-coquilles d'aluminium sur lesquelles sont boulonnées les trompettes en acier.

Le différentiel est à pignons coniques, commandé par roue et pignon d'angle. Le tout est d'une construction très robuste et d'une solidité à toute épreuve.

SUSPENSION. — Le châssis est suspendu sur quatre ressorts. Les ressorts avant sont du type semi-elliptique ordinaires, ceux d'arrière, suspension brevetée BUGATTI sont des demi-ressorts fixés à l'arrière du châssis et dirigés vers l'avant.

Cette suspension est la seule qui assure une stabilité transversale et longitudinale et, de ce fait, une tenue de route admirable.

ROUES. — Les roues sont métalliques amovibles de 710 × 90.

RÉSERVOIR A ESSENCE. — Il est à pression et situé à l'arrière du châssis, dessus ou dessous, suivant le genre de carrosserie sport deux ou quatre places.

AMORTISSEURS. — La voiture est livrée avec quatre amortisseurs à friction circulaire intérieure, brevetés BUGATTI, et munis de forts ressorts.

1925 Bugatti Catalogue. The "Pur Sang" will be forever the distinctive symb
Catalogue Bugatti 1925. Le cheval de course de la couverture rappelle que le «Pur Sang» sera pour toujours l'emblème de la marque.

Brescia Torpédo 1923. Collection Allan Söderström (Suède)

16 SOUPAPES & BRESCIA

"BUGATTI" 4 Cylindres - 16 Soupapes

Type "BRESCIA" modifié

		TYPE 13	TYPE 22	TYPE 23
Alésage	m/m	69	69	69
Course	»	100	100	100
Empattement	»	2000	2400	2550
Voie	»	1150	1150	1150
Roues et pneumatiques	»	710 × 90	710 × 90	710 × 90
Hauteur du châssis au-dessus du sol environ m/m		425	425	425
Emcombrement	»	2800 × 1250	3200 × 1250	3500 × 1250
Largeur du châssis	»	700	700	700
Emplacement de carrosserie	»	1725	2125	2280
Entrée de carrosserie	»	1100	1500	1600
Contenance du réservoir à essence	»	32	32	32
Consommation	»	—	—	7500
PRIX, avec 5 bandages, 5 roues métalliques amovibles, éclairage et démarrage électriques et freins avant. Livré à Paris ... Francs			26.500	

Brescia Torpédo 1923. Collection Musée de l'Abbatiale du Bec Hellouin (France). Photo Jean-Paul Caron.

16 SOUPAPES & BRESCIA

La «seize-soupapes» ou Brescia.

Ettore Bugatti avait préparé trois versions spéciales du type 13 pour le Grand Prix des Voiturettes d'août 1914 qui fut annulé à l'approche de la guerre. Il enterra les pièces de ce nouveau moteur à Molsheim et s'enfuit en Italie juste à temps pour passer une partie de la guerre là-bas puis à Paris. En 1919, il retourna à Molsheim et récupéra les pièces qui étaient toujours en bon état !

Le nouveau moteur avait seize soupapes, quatre par cylindre, fonctionnant comme auparavant à l'aide d'un arbre à cames en tête, chaque soupape s'ouvrait par un culbuteur glissant en forme de banane. La course du vilebrequin était toujours de 100 mm mais l'alésage était de 66 mm (1 368 cm^3), puis plus tard de 68 mm (1 453 cm^3) et finalement de 69 mm (1 496 cm^3).

La voiture remporta le Grand Prix des Voiturettes du Mans de 1920, ce qui fit une énorme publicité à la Marque. En 1921 une autre version améliorée avec vilebrequin sur roulement à billes remporta une victoire sensationnelle au Grand Prix de Brescia. Les quatre premières places revinrent aux voitures Bugatti, établissant leur réputation une fois pour toutes. Le modèle porta dès lors le nom de «Brescia», nom réservé à la version T 13 de course. 25 ou 30 modèles de cette version furent construits. Les modèles de Tourisme (Type 22 ou 23) furent appelés «Brescia Modifiées». Bizarrement, le modèle est communément connu en France sous la désignation «Type 27» qui ne se rapporte qu'à cette version du moteur, mais qui, en fait, ne fut jamais utilisée dans le catalogue Bugatti.

La «Seize-Soupapes» ou Brescia fut produite entre 1919 et 1926. On en fabriqua plus de deux mille. Elle fut plus tard successivement développée et améliorée : vilebrequin sur roulement à billes déjà mentionné, amélioration de l'alimentation en huile des bielles, montage avant du boîtier de direction pour améliorer l'espace réservé à la carrosserie, boîte de vitesses renforcée avec engrenages plus larges et finalement des freins sur les roues avant. Les modèles de course avaient des doubles magnétos montées dans le tablier et entraînées à partir de l'extrémité de l'arbre à cames. On pouvait choisir cette option sur le modèle de tourisme.

1923 boat-tail English bodied Crossley Bugatti.
Brescia Torpédo bateau 1923 carrosserie anglaise Crossley.

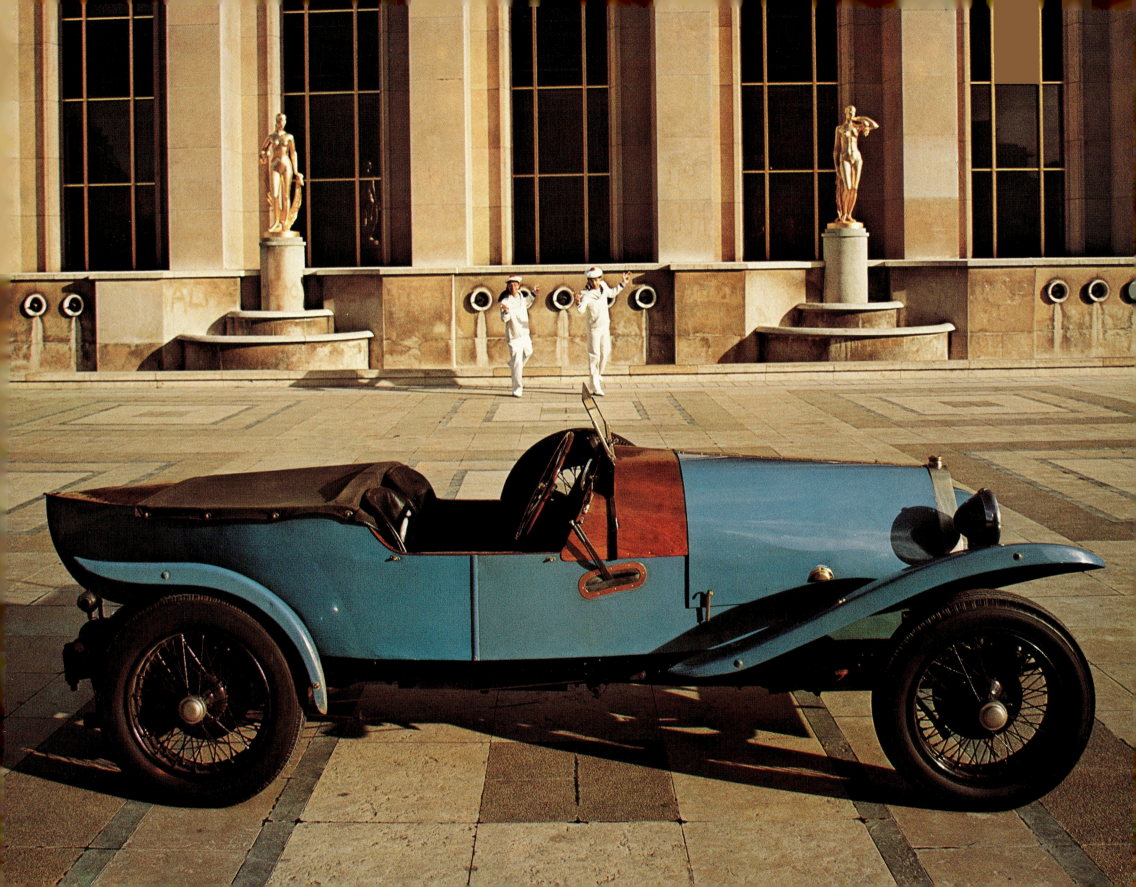

16 SOUPAPES & BRESCIA

A cette époque, Bugatti ne fabriquait pas de carrosserie (sauf pour le type 13 dont le réservoir arrière et les panneaux de côté ne méritaient certainement pas le nom de carrosserie). Toutes les voitures étaient habillées par les carrossiers célèbres de l'époque; généralement en torpédos sport à deux ou quatre places, parfois en conduites intérieures. Parmi les plus célèbres, citons Lavocat & Marsaud, La Carrosserie Moderne, Gaston Grummer, Jarvis, Compton. Cependant plus d'un châssis fut carrossé par des artisans inconnus.

C'est la Brescia qui établit la réputation mondiale de Bugatti. Elle fut vendue en Europe, en Amérique du Sud, au Japon, aux USA et même aux Indes.

De nombreux amateurs se souviennent encore aujourd'hui du plaisir qu'ils ont éprouvé au volant de ces voitures; une bonne tenue de route, un confort surprenant, des changements de vitesses faciles et des performances remarquables pour cette époque (100/120 km à l'heure). Quelle importance si les premiers modèles n'avaient pas d'excellents freins (ou presque pas de freins du tout); on pouvait toujours en manœuvrant éviter l'accident!

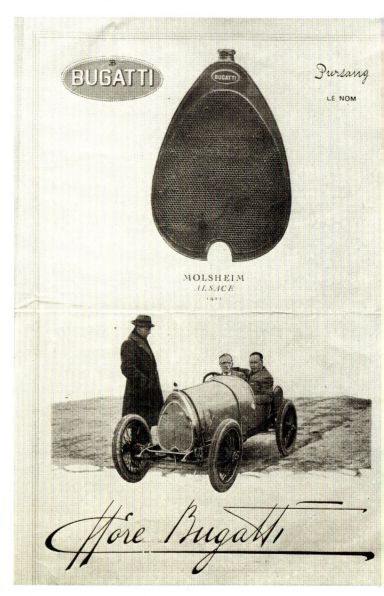

Catalogue des «16 soupapes» en 1921.

LA MERVEILLEUSE "BUGATTI"

Construite en Série rigoureusement identique au Gagnant du Grand Prix des Voiturettes (Le Mans 1920)

Le seul châssis de série, au monde, permettant d'affirmer l'ensemble des chiffres suivants :

7 litres 500 aux 100 kilomètres

avec plus de 100 kilomètres à l'heure

Si invraisemblable que cela paraisse, un simple chronométrage et jaugeage permet de constater que la "BUGATTI" avec une économie de voiturette, réalise cette vitesse de voiture de grand sport.
De plus ses reprises à plat et en côte sont beaucoup plus puissantes que celles de toute autre égalant sa vitesse lancée en palier.
Elle procure donc, mieux qu'aucune autre, les sensations les plus vives du tourisme et du sport automobiles.

La seule voiture, au monde, permettant d'affirmer l'ensemble des faits suivants :

Un poids de voiturette

Une suspension et une tenue de route de grosse voiture

Si invraisemblable que cela paraisse, un simple essai prouve que grâce à une conception nouvelle de suspension, la "BUGATTI" glisse sur le cahot et ne s'y accroche pas.
Que le confort est semblable à celui des grosses voitures.
Que, de plus, sa tenue de route n'est comparable à aucune voiture existante de son poids, ce qui permet de rouler aux plus grandes allures sur les plus mauvaises chaussées.
Aussi, quelles que soient les routes, les virages relevés ou les mauvais bas-côtés, le châssis "BUGATTI" ne se travers jamais. **La rectitude de sa trajectoire est unique.**

Grâce au rendement unique de son moteur 16 soupapes

Il n'existe pas de voiture de série au monde qui réalise cette vitesse avec aussi peu d'essence

Grâce à cette tenue de route alliée à un poids de voiturette

Il n'existe pas de voiture confortable de Grand Tourisme usant aussi peu de pneu

UNE VITESSE UNIQUE POUR SON ÉCONOMIE D'ESSENCE
UN CONFORT UNIQUE POUR SON ÉCONOMIE DE PNEU

Le Pur-Sang "BUGATTI"

le doit

A des conceptions nouvelles de mécanique automobile :: ::
A un emploi de matières premières, les meilleures existantes
A l'usinage le plus précis et au montage le plus soigné qui soient

Et c'est pour ces trois raisons qu'en plus d'être la voiture, au monde, la plus vite pour sa consommation et la plus confortable pour son poids,

La Voiture BUGATTI
RÉSISTE et DURE

Moins chère d'achat que toute autre réalisant sa vitesse

Moins chère d'entretien que toute autre permettant le Grand Tourisme avec les mêmes Confort, Sécurité et Vitesse

Nous ne craignons pas d'affirmer qu'aucune autre voiture légère n'approche, même de loin, l'ensemble des qualités de ce merveilleux engin.

Ces résultats ne sont d'ailleurs que le fruit de plus de onze années de perfectionnements successifs faits sur le même type.
:: :: Durant ces onze années, la "BUGATTI" a pris part à **58 Épreuves** et a remporté **58 Victoires** :: ::
Le Grand Prix des Voiturettes du Mans est sa **59e Victoire**.

Caractéristiques des Châssis "BUGATTI" 4 Cylindres (16 soupapes)		
	Type 22	Type 23
Alésage m/m	68	68
Course »	100	100
Empattement »	2400	2550
Voie »	1150	1150
Roues et pneumatiques »	710×90	710×90
Hauteur du châssis au dessus du sol environ »	423	423
Encombrement »	3200×1250	3500×1250
Largeur du châssis »	700	700
Emplacement de carrosserie »	2125	2280
Entrée de carrosserie »	1500	1600
Contenance du réservoir à essence litres	32	32
Consommation »	7,500	
Vitesse killom.	plus de 100	
Prix avec 4 bandages lisses »		
» 5 Roues Rudge-Witworth amovibles Pcs.		

116, Avenue des Champs-Élysées   Téléphone Élysées 61-81

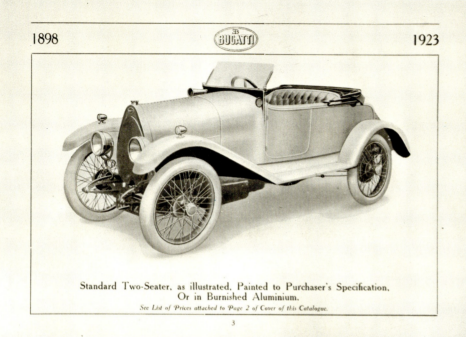

Catalogue des « 16 soupapes » édité en Angleterre en 1923.

1898 BUGATTI 1923	1898 BUGATTI 1923
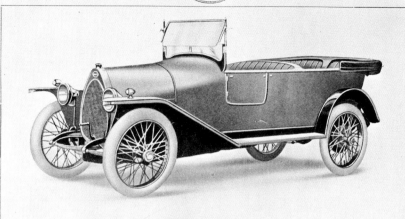 Standard Four-Seater, as illustrated, Painted in Any of Four Colours, Or in Burnished Aluminium. *See List of Prices attached to Page 2 of Cover of this Catalogue.* 7	 The 1923 Bugatti Touring Model Chassis. A right-hand side view: Observe the treatment of the exhaust passages, so important a feature of the motor-design, and the patented rear suspension, which plays so wonderful a part in obtaining the unmatched road-stability of the car, just as serviceable to the touring as to the racing driver. 13
 Standard Four-Seated Coupé, as illustrated, Painted to Purchaser's Specification, Or in Burnished Aluminium. *See List of Prices attached to Page 2 of Cover of this Catalogue.* 9	 Standard Sports Model. For Specification, see page 20. *See List of Prices attached to Page 2 of Cover of this Catalogue.* 19

type 28

Factory picture revealing the 12th. November 1921, the first 8 cylinders Bugatti.
Document d'usine daté du 12 novembre 1921 dévoilant le premier 8 cylindres Bugatti.

Eight-cylinders

Bugatti had produced an in-line eight cylinder aero engine during the war which was produced in limited numbers in France, and under licence in Italy and the U.S.A. It was inevitable that once smitten by the attractions of small bore multi-cylinder designs he should produce an eight cylinder car.

The result was the Type 28, a prototype 3 litre chassis which was exhibited rather unfinished at the Paris and London Automobile Salons in 1921. It created a great deal of interest, bristling with technical novelty, but Bugatti was not yet ready to invest in the substantial funds required to put it into production. We do not know even if the engine had been run on the test bench, and the chassis was kept in its unfinished state in the Molsheim collection until bought in the 1960's by Fritz Schlumpf. Today it sits in his Museum, the novel and interesting chassis hidden by a newly-built replica body of unhappy proportions.

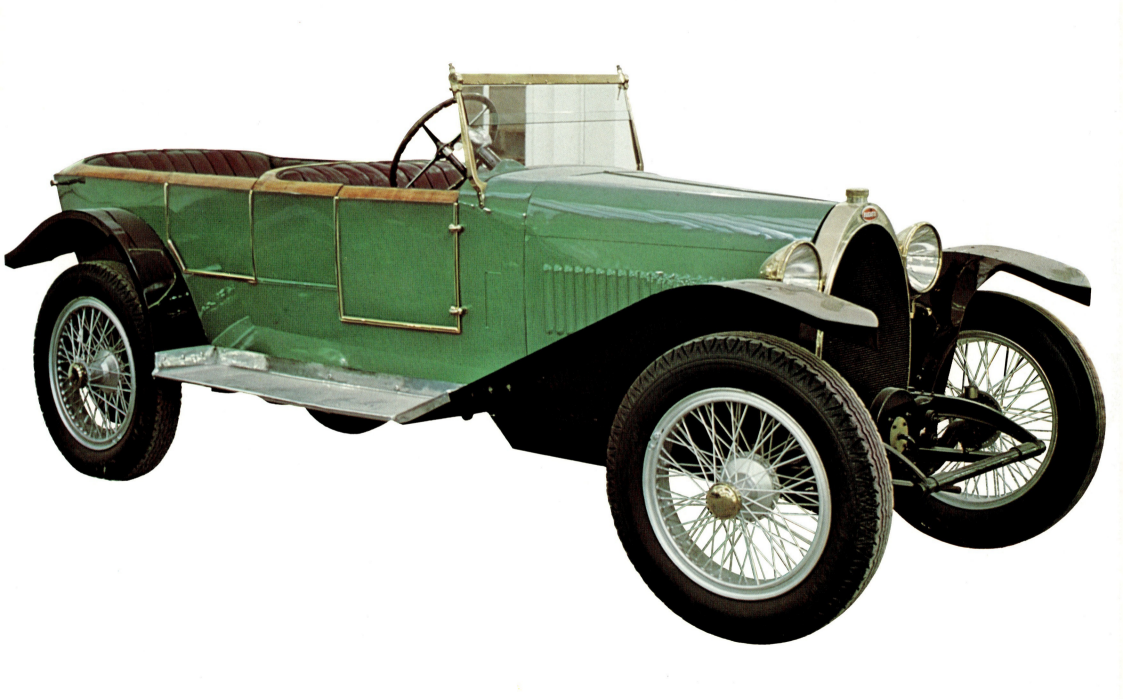

Type 28: *The first 8 cylinders Bugatti.*
Type 28 : *La première Bugatti 8 cylindres.*

type 28

The engine of the Type 28 had its cylinders cast in two blocks of 4, 69×100 mm to give 3 litres capacity. The crankshaft was carried on 9 main bearings, with the vertical drive for the camshaft in the centre of the engine driven by a bevel gear in the middle of the crankshaft. There were once more 3 valves per cylinder.

There were only 2 forward speeds in the gearbox which was incorporated in the rear axle casing. New there were front wheel brakes and all the steering joints used leather couplings which would not require lubrication. Suspension was by the familiar reversed quarter-elliptics at the rear and twin semi-elliptics on each side at the front.

Although nothing became of the model, some of its detail elements survived on later cars, many engine parts for example being seen later on the Type 37-40. But it was clear that Bugatti was determined to produce an eight cylinder car by one means or another.

"BUGATTI" 8 cylindres - 3 litres.

CHASSIS. — Il est constitué par deux longerons en tôle d'acier emboutie, formant U; très rigide; il est muni de plusieurs entretoises dont une à chaque extrémité avant et arrière; le moteur, à l'avant, pose directement sur le châssis, auquel il est boulonné.

MOTEUR. — Moteur 8 cylindres en ligne, composé de deux groupes de 4 cylindres. Chacun de ces groupes est coulé en une seule pièce avec la chemise d'eau. Chaque cylindre est muni de 3 soupapes (2 admission et 1 échappement) commandées par un seul arbre à cames et par l'intermédiaire de leviers à galets. Ces derniers, ainsi que l'arbre à cames, placés dans un carter en aluminium, facilement démontable, et muni de trous de visite pour le réglage des soupapes; un couvercle recouvre ce carter sur lequel il est maintenu par HUIT écrous molletés.

Un arbre vertical, placé entre les deux groupes de cylindre, commande d'un côté, la pompe à huile, et de l'autre, la magnéto.

L'arbre vilebrequin est en deux pièces. Il est très rigide et pris dans la masse; il est supporté par 9 coussinets, c'est-à-dire entre chaque bielle, et est par cela même exempt de toute vibration.

Le carter du moteur en deux parties, est coulé en aluminium.
Le carter supérieur contient tous les coussinets du vilebrequin.
Le carter inférieur sert de réservoir d'huile.

CARBURATEUR. — Deux carburateurs, du système BUGATTI, commandés par une pédale, facilement réglable aux petites allures, grâce aux manettes fixées devant le volant.

GRAISSAGE. — Le graissage sous pression, par pompe à engrenage, qui puise l'huile dans le carter inférieur, pour l'envoyer ensuite:

1) dans le carter d'arbre à cames, où elle se répartit dans deux rampes qui font fonction d'axe des leviers à galets; l'huile arrivant par ces leviers graisse galets et cames, et retombe dans le carter inférieur, par une canalisation appropriée;
2) dans une série de gicleurs sur le vilebrequin, pour graisser les têtes de bielles.

La direction est également graissée sous pression.

BOITE DE VITESSES ET PONT ARRIÈRE. — Ils sont réunis en un seul et même carter. Ceci a plusieurs avantages, entre autres, facilité de montage et diminution de poids.

La boîte de vitesses du type à trains baladeurs, comprend 2 vitesses et marche arrière.

Le pont arrière est muni d'un différentiel, et par suite de l'arbre très court le reliant au changement de vitesses, il est exempt de toute vibration, source de bruit.

ALLUMAGE. — Par magnéto à haute tension.

RADIATEUR. — A nid d'abeilles; très grande surface radiante permettant la suppression du ventilateur.

EMBRAYAGE. — Il est du même type que celui des voitures 1 litre 500 et 2 litres, mais naturellement les parties constituantes sont renforcées. Afin d'éviter les vibrations au-delà de l'embrayage, l'arbre vilebrequin est supporté par un roulement à billes.

TRANSMISSION. — Elle est effectuée par un arbre à double cardan métallique.

FREINS. — Au nombre de 2; ils sont logés dans le même tambour. Le frein à pied est du type à ruban garni de ferrodo.

Le frein à main est du type à mâchoires en fonte.

Les tambours de frein sont munis d'ailettes, afin de les refroidir lors d'un freinage prolongé.

DIRECTION. — Elle est identique à celle de la voiture 2 litres.

SUSPENSION. — Elle est également du même type que celle de la 2 litres, mais les ressorts étant plus larges, les maîtresses lames ont été fendues pour faciliter la torsion du ressort, et éviter la fatigue.

ROUES. — Roues métalliques, amovibles de 820×120.

RÉSERVOIR A ESSENCE. — Il est suspendu au châssis; sa contenance est de 60 litres.

AMORTISSEURS. — A l'avant, l'amortisseur est constitué par un tambour unique, traversé en son centre, par la manivelle de mise en marche; deux bras de chaque côté, le réunissent aux deux ressorts avant.

A l'arrière, un levier agit par frottement sur deux disques en caoutchouc; ces leviers sont fixés sur les couvercles des tambours de frein et partent vers l'arrière.

TABLEAU DE COMMANDE. — A été placé à portée de la main du conducteur, et il comprend les réglages suivants: avance à l'allumage, réglage d'air et d'essence au carburateur, et ralenti.

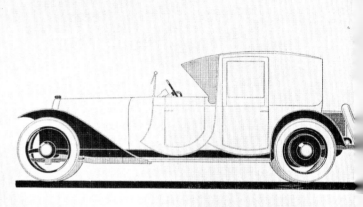

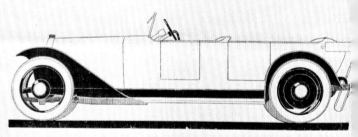

"BUGATTI" 8 cylindres - 3 litres

	m/m		m/m
Alésage	70	Encombrement	4200×
Course	100	Largeur du châssis	70
Empattement	3150	Emplacement	
Voie	1300	de la carrosserie	232
Roues et pneumatiques	820×120	Entrée de la carrosserie	1360
Hauteur du châssis au-dessus du		Contenance du	
sol environ	400	réservoir à essence	60 litr

Prix, avec 5 roues amovibles, 5 pneumatiques, éclairage et démarrage électriques Francs

A part of the 1922 Bugatti catalogue showing the 8 cylinders, 3 litre.
Extrait du catalogue Bugatti 1922 présentant la 8 cylindres, 3 litres.

Huit cylindres.

Durant la guerre Bugatti avait produit un moteur d'avion de huit cylindres en ligne qui fut fabriqué en petit nombre en France, et sous licence en Italie et aux USA. Il était inévitable qu'après avoir découvert l'attrait du multi-cylindres à petit diamètre il ait eu envie de créer une voiture à huit cylindres.

Le résultat fut le Type 28, un prototype de trois litres qui fut présenté, bien qu'inachevé, aux Salons de l'Automobile de Paris et de Londres en 1921. Cette voiture provoqua un grand intérêt car elle apportait de nombreuses nouveautés techniques, mais Bugatti n'était pas prêt à investir les sommes considérables nécessaires à sa production. Nous ne savons même pas si le moteur fut essayé en atelier, et le châssis fut laissé inachevé à Molsheim jusqu'au jour où en 1960 il fut acheté par Fritz Schlumpf. Aujourd'hui il se trouve dans son musée, mais ses caractéristiques intéressantes sont dissimulées sous une carrosserie dont les proportions sont plutôt inélégantes.

Le moteur du type 28 avait des cylindres fondus en deux blocs de 4,69 × 100 mm donnant une capacité de 3 litres. Le vilebrequin était porté par 9 paliers, la transmission verticale de l'arbre à cames se trouvant au centre du moteur entraîné par un pignon conique au centre du vilebrequin. Il y avait une fois de plus trois soupapes par cylindre.

Il y avait seulement deux vitesses avant dans la boîte de vitesses qui était incorporée dans le logement de l'essieu arrière. Une nouveauté : des freins sur les roues avant et tous les joints de direction étaient faits de raccords en cuir qui n'avaient pas besoin d'être lubrifiés. La suspension arrière était toujours assurée par les fameux ressorts inversés 1/4 elliptiques; l'avant par des doubles ressorts semi-elliptiques des deux côtés.

Bien que ce modèle n'eut aucun avenir, certaines de ces caractéristiques ont survécu sur les modèles qui suivirent. Plusieurs parties du moteur par exemple se retrouvent sur les types 37 et 40. Dès ce moment, il était clair que Bugatti était déterminé à produire une huit cylindres d'une façon ou d'une autre.

The type 28 presented at the 1922 Motor Show. In the background, Ernest Friderich and his wife.
La type 28 présentée au Salon de l'Automobile en 1922. A l'arrière-plan Ernest Friderich et sa femme.

type 30

De Viscaya at the wheel of the Strasbourg Grand Prix type 30 in 1922.
De Viscaya sur une type 30 préparée pour le Grand Prix de l'ACF à Strasbourg en 1922.

Type 30. Torpédo 1924. Collection M. Chambon (France). Photo Jean Novo.

type 30

Eight cylinder Production

As we have seen Bugatti was attracted to the inherent smoothness of the eight cylinder engine and by 1922 he had concluded that, if he did not have the means to launch the all-new Type 28, he might be able to fit an 8 cylinder engine into the Type 22 or 23 Brescia chassis. This became the 2 litre Type 30 which was first seen as a batch of racing cars for the 1922 Grand Prix of the Automobile Club of France at Strasbourg where they finished 2nd and 3rd behind Nazarro in a Fiat.

The touring version was displayed at the Automobile Salons in October of that year. The engine, 60 × 88 mm, 1996 cm^3, with two cylinder blocks of 4, on a one-piece crankcase aluminium casting, was quite new, although it owed much to the wartime aeroengine, with its integral cylinder head, carrying two inlet valves and one exhaust, and with a single overhead camshaft rotating in an aluminium box straddling the cylinder blocks. The crankshaft was carried on three large ball races, and the big-end bearings were white metal, lubricated by jets of oil fed to grooves in the shaft.

Type 30. Torpédo 1924. Collection M. Feray (France).

type 30

A type 30 on the front of the E. Friderich Showroom in Nice in 1923. On the window, the recent Bugatti victories.
La type 30 devant le magasin d'Ernest Friderich à Nice en 1923. Sur la vitrine sont rappelées les plus récentes victoires de la marque.

The rest of the chassis, transmission gearbox, and rear axle were initially Brescia, but after 100 cars or so a heavier section, stronger frame was used.

Early cars also had Bugatti-designed hydraulic brakes, although these were unreliable, and were later replaced with 4-wheel cable operated brakes as used subsequently on most Bugatti designs. The car performed excellently on the road, being powerful, and very flexible. The engine was smooth certainly by contemporary standards, although suffering from the inevitable torsional period at about 2500 rpm that is typical of a long flexible crankshaft (and before Ettore could understand such abstruse mysteries as Lanchester torsional dampers!)

Racing versions also ran at Indianapolis in 1923 without much success — the plain bearing connecting rod bearings were not adequate for sustained speed, and the brakes were ineffective. But they created a great deal of interest, and gave warning of better result to come.

The touring Type 30 continued in production alongside the 4 cylinder Brescia from November 1922 until January 1926, while Bugatti concentrated on developing the racing versions.

Mrs. Junek: a name so often associated with Bugatti. Here, at the wheel of a 1922 racing version type 30, she used until 1925.
Madame Junek : un nom inséparable de Bugatti. Ici, au volant d'une type 30-1922 avec laquelle elle participa à de nombreuses compétitions jusqu'en 1925.

England... 1977. M. Williams Raahague and his type 30 alongside one of the last Pacific blowing steam.
Angleterre... 1977. M. Williams Raahague et sa type 30 près d'une des dernières Pacific crachant encore sa vapeur.

type 30

La 8 cylindres de série.

Comme nous l'avons vu, Bugatti était attiré par la douceur de fonctionnement du moteur huit cylindres, et vers 1922 il était arrivé à la conclusion que, s'il n'avait pas les moyens de lancer le nouveau Type 28 de 3 litres, il pourrait adapter un moteur 8 cylindres sur le châssis du Type 22 ou 23 Brescia. Ainsi naquit la 2 litres Type 30 qui, pour sa première apparition au Grand Prix de l'Automobile Club de France à Strasbourg en 1922, remporta les seconde et troisième places derrière la Fiat de Nazarro. La version tourisme fut présentée aux Salons de l'Automobile en octobre 1922.

Le moteur de 60 mm d'alésage et 88 mm de course (1966 cm^3) était d'un tout nouveau dessin bien qu'apparenté au moteur d'avion créé pendant la guerre avec ses deux blocs de 4 cylindres montés sur un carter en aluminium coulé d'une pièce et sa culasse intégrée équipée de deux soupapes d'admission et une d'échappement. L'arbre à cames en tête tournait dans un carter en aluminium surplombant les blocs cylindres. Le vilebrequin était monté sur trois grands rouleaux à billes et les têtes des bielles étaient en régule lubrifiées par des jets d'huile alimentés par des rainures dans le vilebrequin.

Le reste du châssis, la transmission, la boîte de vitesses et l'essieu arrière étaient repris de la Brescia, mais, manquant de rigidité, après une centaine de voitures environ, le châssis fut renforcé et sa section élargie.
Les premières voitures avaient des freins hydrauliques conçus par Bugatti, mais qui n'étaient pas très efficaces. Ils furent remplacés aussitôt par des freins à câble opérant sur les quatre roues, utilisés par la suite sur la plupart des Bugatti.
Les performances routières étaient excellentes, la voiture se révélant puissante et nerveuse.

Type 30. Torpédo 1924. Collection M. Raahague (G.-B.).

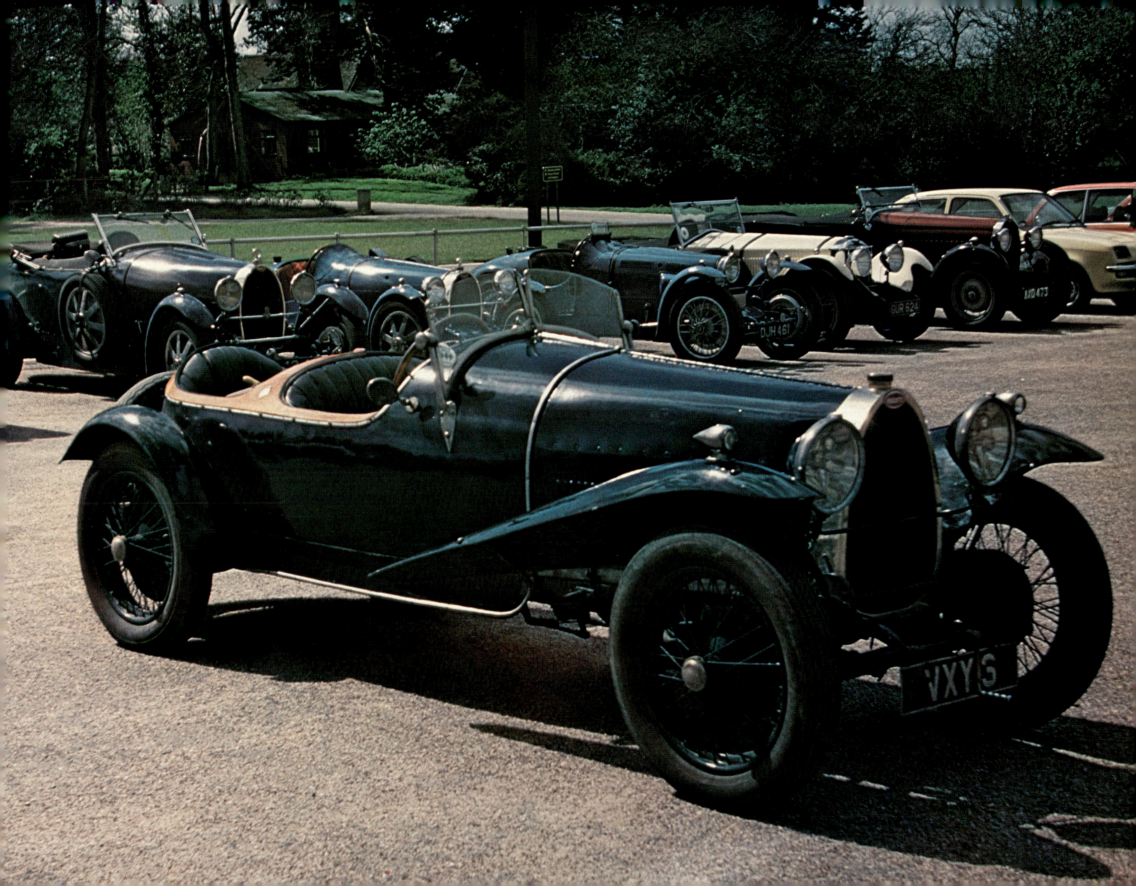

type 30

The unsuccessful types 30 at Indianapolis in 1922.
Les «type 30» tenues en échec à Indianapolis en 1922, avant le départ.

Le moteur était souple et silencieux, comparé aux concurrents de l'époque mais souffrait par contre d'un inévitable effort de torsion à 2.500 tours/minute dû au vilebrequin long et flexible (et comment faire admettre à Ettore qu'il existait déjà les excellents amortisseurs de torsion créés par Lanchester!).
Des versions «compétition» furent engagées au Grand Prix de l'A.C.F. à Strasbourg et à Indianapolis en 1923, sans grand succès, l'alimentation d'huile aux bielles par gicleurs n'était pas conçue pour des vitesses élevées et les freins (surtout à Strasbourg) étaient déficients.
Mais elles suscitèrent beaucoup d'intérêt, laissant augurer de meilleurs résultats.
Le type 30 de tourisme fut produit, en même temps que la 4 cylindres Brescia, de novembre 1922 à janvier 1926 pendant que Bugatti concentrait ses efforts sur le développement des modèles de compétition.

Type 30. Torpédo 1924. Collection National Motor Museum. Beaulieu (G.-B.).

type 30

"BUGATTI" 8 cylindres - 2 litres.

CHASSIS. — Il est du même type que le châssis 16 soupapes 4 cylindres.

MOTEUR. — Moteur 8 cylindres en ligne, en deux groupes de 4 cylindres. Chacun de ces groupes coulé en une seule pièce, avec la chemise d'eau sont interchangeables.

Chaque cylindre est muni de 2 soupapes d'admission et une soupape d'échappement, commandées par un arbre à cames unique, et par l'intermédiaire de leviers. Cet arbre à cames et ces leviers sont logés dans un carter en aluminium, très facilement accessible, et rapidement démontable. Un arbre vertical, placé à l'avant du moteur, commande en même temps que l'arbre à cames, les pompes à eau et à huile, et la magnéto.

L'arbre vilebrequin en deux pièces assemblées, est très rigide, complètement pris dans la masse ; il est supporté en trois points et tourne sur roulements à billes.

Le carter du moteur est en aluminium coulé en 2 pièces. Le carter supérieur contient les roulements à billes du vilebrequin ; le carter inférieur sert de réservoir d'huile. Il est traversé par des tubes de cuivre qui ont pour but de refroidir l'huile. Ce carter est très facilement démontable et permet de visiter les têtes de bielles.

CARBURATEUR. — Au nombre de deux, ils sont du système automatique.

GRAISSAGE. — Le graissage a lieu sous pression, par l'intermédiaire d'une pompe à engrenage, qui puise l'huile dans le carter inférieur du moteur, faisant fonction de radiateur ; l'huile reprend ainsi sa viscosité qu'elle avait perdue par la chaleur.

L'huile est envoyée, d'une part, dans deux rampes, dans le carter d'arbre à cames. (Ces rampes sont destinées à graisser les leviers et les cames.) L'huile retombe ensuite dans le carter.

D'autre part, elle est envoyée par une série de gicleurs, sur les flasques du vilebrequin, qui répartit l'huile par force centrifuge, dans les bielles.

La direction est également graissée sous pression de la même façon.

BOITE DE VITESSES. — Du même type que pour les 16 soupapes, mais avec des dimensions plus fortes.

ALLUMAGE. — Par magnéto unique à haute tension.

RADIATEUR. — Il est du même type que celui du châssis 16 soupapes.

EMBRAYAGE. — Egalement du même type.

TRANSMISSION. — Voir châssis 16 soupapes.

FREINS. — Le frein au pied est hydraulique, du type à ruban garni de ferrodo, et agit sur les tambours de frein, avant, solidaires des roues. Le liquide employé est un mélange d'eau et glycérine, qui a l'avantage de ne pas geler en hiver, ou de ne pas figer comme le ferait l'huile.

Le frein à main agit sur les roues arrière. Il est également du type à ruban, mais garni de fonte, agissant sur un grand diamètre, et permettant un serrage puissant. Ces deux freins agissant simultanément permettent un arrêt rapide.

DIRECTION. — Elle est du type à vis et roue hélicoïdale, et fait l'objet d'un brevet.

Le rattrapage de jeu se fait très facilement par la rotation de l'axe excentré du tourillon de la roue hélicoïdale.

Le boîtier très accessible, est fixé sur le carter supérieur du moteur.

Cette direction est exempte de toute vibration, même aux plus grandes allures.

ESSIEU ARRIÈRE. — Il est du même type que celui du châssis 16 soupapes, mais les dimensions ont été, à dessein, fortement augmentées. Les trompettes sont en acier forgé.

SUSPENSION. — Voir châssis 16 soupapes.

ROUES. — Elles sont métalliques, amovibles, de 765 × 105.

RÉSERVOIR A ESSENCE. — Du même type que celui du châssis 16 soupapes, mais de plus grande capacité.

AMORTISSEURS. — Voir châssis 16 soupapes.

Catalogue Bugatti présentant la type 30 en 1924.

type 32

The tank

While the Brescia and Type 30 continued steadily in production Ettore himself was preoccupied with a new racing design for the 1923 G.P. of the A.C.F. to be held at Tours. We do not know what outside matters influenced his thinking – he was the last person to admit such possibilities – but we know that his friend Voisin was working on an aerodynamically shaped car and now too does Ettore. Voisin was an aeronautical engineer of some competence: Bugatti was not, and designed by eye!

The result was an extraordinary Tank car strictly known as Type 32, of which 4 were made, Friderich managing a 3rd place in the Grand Prix behind Segrave and Divo in Sunbeams. Very little was heard of the car after this race, one going to Prague to the Juneks, faithful customers; one survives today from the Molsheim collection in the Schlumpf's hands.

The car used the Type 30, 2 litre engine but with roller bearings on the connecting rods, which were split to allow assembly, in a modified crankcase to allow installation in a rectangular frame with axles above the frame longerons; the gearbox was in the rear axle, and the brakes were hydraulic at the front. The remarkable feature of the car was its overall shape, flat at the bottom in side view, a crude aerofoil on the upper surface and rectangular in front view. With a short (2 metre) wheelbase,

Type 32 «Tank» Grand Prix de l'A.C.F. Tours 1923.

type 32

hard springs and the curved upper surface it must have suffered severely from aerodynamic lift at high speed, and one can understand its reputation for bad handling. But all this was beyond the competence of Ettore's designer's eye to comprehend.

Perhaps the experience of this unorthodox conception turned him back to more conventional solutions. He had seen Fiat and Sunbeam winning ahead of him. Let him see what he could do on these lines in the winter of 1923-24 for the next Grand Prix.

Mr. and Mrs. Junek in a type 32 "Tank de Tours" in 1923.
M. et Mme Junek dans un « Tank de Tours » en 1923.

Le tank.

Alors que Brescia et Type 30 continuaient leur carrière, Ettore étudiait une nouvelle voiture de course pour le Grand Prix de l'A.C.F. 1923 qui devait se courir à Tours. Nous ne savons pas quelles furent les influences extérieures (il aurait été en tout cas la dernière personne à admettre ces influences), mais nous savons que son ami Voisin travaillait à une voiture de forme aérodynamique et que Ettore faisait de même. Voisin était un ingénieur aéronautique très compétent; Bugatti, lui, dessinait d'inspiration.

Le résultat fut une voiture extraordinaire en forme de tank connue sous la désignation «Type 32» dont quatre exemplaires furent construits.

A Tours, Friderich réussit à prendre la troisième place derrière les Sunbeam de Segrave et Divo. On entendit très peu parler de cette voiture après la course. Une fut envoyée à Prague aux Junek, clients fidèles. Un exemplaire de la collection de Molsheim se trouve aujourd'hui chez Schlumpf.

La voiture avait le moteur 2 litres du Type 30, avec des bielles montées sur des roulements à rouleaux fendus pour permettre leur assemblage dans un carter modifié, installé dans un châssis rectangulaire, les essieux passant au-dessus des longerons. La boîte de vitesses se trouvait dans l'essieu arrière et les freins avant étaient hydrauliques. Mais sa caractéristique la plus remarquable était sa ligne : plate en dessous et une grossière aile d'avion dessus vue de profil et rectangulaire vue de face. Avec un empattement court (2 mètres), des ressorts durs et une surface supérieure incurvée, elle devait beaucoup souffrir de l'effet de poussée aérodynamique à grande vitesse.

On peut comprendre sa réputation d'être difficile à conduire. Mais tout ceci dépassait la compétence d'Ettore.

C'est peut-être cette mauvaise expérience et cette conception peu orthodoxe qui le ramena vers des solutions plus conventionnelles. Il avait vu Fiat et Sunbeam gagner devant lui.

Voyons ce qu'il allait préparer durant l'hiver 1923-24 pour les prochains Grands Prix.

type 35

Eight cylinder Production

It is certain that Bugatti excelled himself in the early days of 1924 when he designed what to many is the most beautiful racing car of all time, and certainly one of the most successful – the Type 35 car which appeared for the first time at Lyon for the Grand Prix in August 1924.

He was expert at using parts of his production vehicles in his racing cars – and he now took the rear axle, gearbox and most of the engine from the Type 30 and adapted them to a new tapered frame which allowed the body to be streamlined in plan, rather than in elevation as on the Tank (thus avoiding some of the problems encountered in the Tank). He took the roller bearing connecting rod design a stage further by using a built-up crankshaft, so that the connecting rods could be in one piece and very light. Inspired perhaps by Fiat he too produced a tubular axle, but he went one better and made it in one piece, hollow, with the ends forged closed for the stub axle ends; polished all over, with the springs passing through it, it was a "tour-de-force" of the forger which was much commented on.

Perhaps most remarkable of all he produced his famous cast aluminium wheels with integral brake drums which make the car instantly recognisable, and may be considered the prototypes of all modern car wheels.

Type 35 1924. Moteur.

One of the first serie type 35 Bugatti "Grand Prix de Lyon 1924".
Type 35. «Grand Prix de Lyon» 1924. Collection Marc Nicolosi (France). Photo Jean-Paul Caron.

type 35 B

Under the 35 B bonnet; in the foreground, the supercharger.
Sous le capot d'une 35 B ; au premier plan, le compresseur.

35 B: The driver's place.
35 B : la place du pilote.

He had made in his own shops at Molsheim the rather simple body of the previous year's Tank, and now he excelled himself in producing the body for the new model. Contemplating the construction to-day, admiring inevitably the perfection of the lines of the body, it is difficult to see how a better assembly of the panel-beaters art could be achieved. There are joints in just the right places, stiffened appropriately, and all attached to the chassis frame by a miriad of 5 mm winged body screws, all wired together for locking.

The car was fast, it handled brilliantly with precise steering and good brakes, a superlative gear change and most remarkable of all, it would start on the first

1927 Supercharged 2,300 l. Type 35 B.
35 B. 2,300 l à compresseur 1927. Collection David T. Schiff (U.S.A.)

type 35

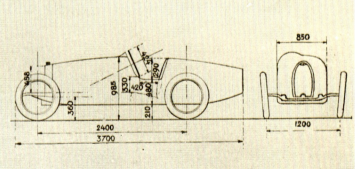

Catalogue Bugatti 1925.

pull of the handle, and could be driven in traffic like a touring car!

Its debut at Lyon was not marked with success; as has often been recounted Bugatti chose to use a new type of tyre which had not been properly vulcanised, and the whole team had tyre trouble. The best he could do was a 7th place for Chassagne. A month later the results were better at San Sebastian when Costantini was a good second to Segrave's Sunbeam; the Bugatti was now running on Michelin 710 × 90 tyres.

The Type 35 was developed over the years, first by lengthening the stroke to 100 mm for the Targa Florio in 1926 (hence the designation 35T), then the 1 1/2 litre Type 39 (60 × 66 mm) then with a supercharger added as the 2 litre 35C (60 × 88 mm) or the 2.3 litre 35B (60 × 100 mm). It won race after race in the hands of every well-known driver of the period and dominated racing until succeeded by the Type 51 and in turn, having to give way to Alfa-Romeo and Maserati.

Dessin F. YANO ©

type 35

La 8 cylindres de série.

Il est certain que Bugatti se surpassa au début de 1924 lorsqu'il conçut ce qui est considéré par tous comme la plus belle voiture de course de tous les temps, et certainement celle qui remporta le plus de succès : la Type 35 qui apparut pour la première fois à Lyon pour le Grand Prix en août 1924.

Quand il fallait utiliser des pièces de ses véhicules de série pour les adapter à ses voitures de course, Bugatti était un expert. Il prit l'essieu arrière, la boîte de vitesses et la plus grande partie du moteur du Type 30 et les adapta à un nouveau châssis qui permit à la carrosserie de devenir aérodynamique en plan plutôt qu'en élévation comme cela avait été fait pour le

First race for the type 35: Lyon, August 1924.
Première sortie en course des 35 : Grand Prix de Lyon. Août 1924.

1927. Supercharged 2,300 l Type 35 B.
35 B. 2,300 l à compresseur 1927. Collection M.S. (France).

type 35

The French "gendarmes" admiring the types 35 during their first race meeting at Lyon in August 1924.
Les gendarmes admiratifs devant les 35, lors de leur première sortie à Lyon en août 1924.

Costantini at speed in his 35, winner of the 1926 Targa Florio.
Costantini, en pleine vitesse sur sa 35, futur vainqueur de la Targa Florio 1926.

A 2,300 l 1927 Supercharged Type 35 to-day in U.S.A.
35 B, 2,300 l à compresseur 1927 (U.S.A. 1977). Photo Jean-Paul Caron.

type 35

*The Bugatti Zenith: 1929 Grand Prix de Monaco start: 4 type 35.
At the left, in the stand, the always present Friderich.*
L'apogée de Bugatti : au départ du Grand Prix de Monaco 1929, 4 type 35 au départ.
Dans le stand à l'extrême gauche on reconnaît le fidèle Friderich.

Tank (il évitait ainsi certains problèmes rencontrés sur le tank). Il améliora le dessin du palier de bielle et modifia le vilebrequin permettant le montage de bielles très légères et d'une seule pièce. Inspiré peut-être par Fiat il fabriqua lui aussi un essieu tubulaire, mais il fit mieux en le forgeant d'une seule pièce, creux, avec les extrémités fermées prêtes à recevoir les fusées, le tout entièrement poli avec des ressorts passant au travers. Forger une telle pièce fut considéré partout comme un véritable tour de force.

Encore plus remarquable : les roues en aluminium moulé avec tambours de frein intégrés qui rendaient la voiture immédiatement reconnaissable. Elles peuvent être considérées comme les prototypes de toutes les roues des voitures modernes.

M. Rippon, English Bugatti enthusiast at the wheel of his 35 B (Lyon 1974).
M. Rippon, Bugattiste anglais bien connu au départ de la rétrospective du Grand Prix de Lyon en 1974 sur sa 35 B. Photo Jean Novo.

type 35

Bugatti avait dans ses ateliers la carrosserie plutôt simpliste du tank de l'année précédente. Il voulait se surpasser pour produire celle du nouveau modèle. En la contemplant aujourd'hui, on ne peut qu'admirer l'harmonie des lignes et il est difficile d'imaginer une telle perfection dans l'assemblage. Les éléments de carrosserie se trouvent exactement là où ils doivent être, renforcés où il faut et tous fixés au châssis par une myriade de vis à ailettes de 5 mm, toutes verrouillées ensemble à l'aide de fils métalliques.

La voiture était rapide, merveilleusement facile à conduire, freinait bien, une boîte de vitesses superbe, et surtout elle démarrait au premier coup de manivelle. Elle pouvait être conduite sur route comme une voiture de tourisme !

Ses débuts à Lyon ne furent pas couronnés de succès et comme Bugatti lui-même l'a raconté plusieurs fois, c'est qu'il avait choisi un nouveau type de pneus mal vulcanisés. Toute l'équipe eut des ennuis de pneus. La meilleure place obtenue fut celle de Chassagne qui arriva septième. Un mois plus tard, les résultats furent meilleurs puisque à San Sébastien, Costantini arriva second derrière la Sunbeam de Segrave. La 35 roulait maintenant sur des Michelin 710 × 90.

Au fil des ans le Type 35 fut amélioré, d'abord par l'augmentation de la course à 100 mm pour la Targa Florio en 1926 (d'où la désignation 35 T). Puis apparut le Type 39 d'1 litre 1/2 (60 × 66 mm). Enfin l'addition d'un compresseur pour la 35 C 2 litres (60 × 88 mm) ou la 35 B 2,3 litres (60 × 100 mm) améliora encore les performances. La voiture alla de victoires en victoires entre les mains des coureurs les plus connus de l'époque et domina sur tous les circuits jusqu'à son remplacement par le Type 51, qui à son tour dut laisser la victoire à Alfa-Romeo et à Maserati.

30th. June 1929: Williams winning the Grand Prix de l'A.C.F. at Le Mans at the wheel of a supercharged type 35.
30 juin 1929 : Williams passe en vainqueur la ligne d'arrivée du Grand Prix de l'A.C.F. au Mans sur une 35 à compresseur.
The well known French pilot, Louis Chiron who achieved so many successes with type 35.
Le grand coureur Louis Chiron qui amena si souvent les 35 à la victoire.

A 35 B in his business: at speed on the Brooklands circuit in 1977.
La 35 B dans son élément : en pleine vitesse sur le circuit de Brooklands en 1977. Photo Jean-Paul Caron.

type 39

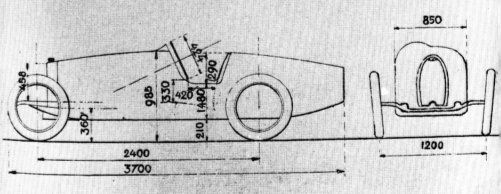

1926 Bugatti catalogue presenting the 1.500 cm³ type 39: very few were produced.
Catalogue Bugatti présentant la type 39. 1.500 cm³ en 1926.

The type 35, racing forever. Here at the start of a vintage races meeting at Silverstone in 1976.
Les Bugatti toujours sur les circuits aujourd'hui. Ici, 2 35 B au départ d'une course à Silverstone en 1976.

type 35A
type 37

Three types 37 after a 1,500 cm³ race at Le Mans in 1928.
Trois 37 au Mans en 1928.

Sports Models

The success of the racing Type 35 created a demand for sports car versions which could be sold at reasonable prices. This produced first the "Course Imitation" 35A model and then a 4 cylinder model Type 37 replacing the Brescia sports model in the 1 1/2 litre category.

The 35A used the same 2 litre engine as the racing version but with the simple crankshaft from the Type 30 without the roller bearing connecting rods, and other simplifications such as smaller valve cylinder blocks, coil ignition and wire wheels with brakes from the Brescia. It looked like, handled like the racing model but had a more modest top speed

To—day, a "road version" with wings and headlamps of a type 35 A in Holland.
Une 35 A en version «route» avec ailes et phares, aujourd'hui en Hollande.

type 35 A

VOITURE 2 *l*, Type 35 a
11 CV. SPORT

MOTEUR 8 cylindres en ligne, en deux groupes 4 cylindres. Alésage 60, course 88, soupapes en tête avec attaque par arbre à cames en-dessus, 3 soupapes par cylindre, 2 admissions, 1 échappement. Vilebrequin supporté par 3 roulements à billes. Graissage sous pression. Carburateur automatique avec alimentation sous pression, allumage par distributeur et accus. Avance variable. Éclairage électrique. Refroidissement par circulation d'eau forcée.

EMBRAYAGE à disques multiples fonte et acier (Bte Bugatti).

CHANGEMENT DE VITESSE à 3 balladeurs, 4 vitesses et marche arrière, 4e vitesse en prise directe.

PONT ARRIÈRE par pignons coniques et différentiel. Rapport 14 × 54.

DIRECTION par vis sans fin et roue hélicoïdale à rattrapage de jeu. Inclinaison moyenne. Barres d'accouplement et de connection montées à rotules.

ESSIEU AVANT, de section circulaire, traversé par les ressorts.

SUSPENSION. Ressorts semi-elliptiques à l'avant. Ressorts ¼ elliptiques à l'arrière du châssis et dirigés vers l'avant, travaillant à la traction (Bte Bugatti).

FREINS sur roues arrière à main sur roues avant et arrière au pied.

VOITURE livrée avec 5 roues, pneus, porte-phares et amortisseurs.

CARACTÉRISTIQUES RÉSUMÉES

	m/m		
Alésage	60	Contenance du réservoir d'essence... litres	100
Course	88	Consommation environ............	14
Empattement	2400	Livrée carrossée sport, deux places avec phares.	
Voie	1200		
Roues et pneumatiques	28 × 3,5		
Hauteur du châssis au-dessus du sol	360		
Encombrement .... m/m 3700 × 1450		PRIX : frs. 63.000.—	

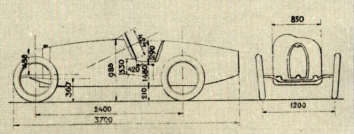

VOITURE COURSE « IMITATION »
2 *Lit.* - 8 CYLINDRES

Catalogue Bugatti 1926 présentant la 35 A «Course Imitation».

In the belgian yellow, the Richard Sibille's type 35 A.
Aux couleurs belges, la 35 A 1925 de Richard Sibille.

type 37

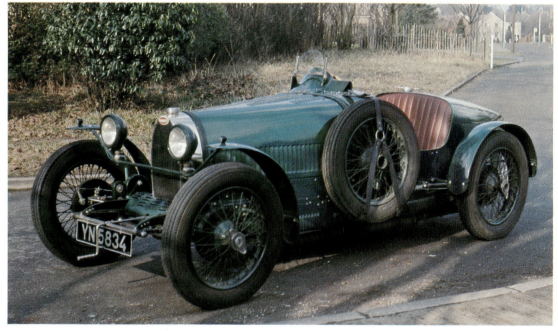

In England, to-day a "road version" of a type 37.
Une 37 «version route» aujourd'hui en Angleterre.

(145-150 k.p.h.) and you were not encouraged to drive continuously at high speed if you wished to avoid running a bearing. It became known as the "Tecla", after the brand of cultured pearl.

The 4 cylinder version had a new engine 69 × 100 mm, based on that of the Type 28 of several years earlier. This had a 5 bearing crankshaft, with plain bearings all round, reasonably well supplied with oil, and the characteristic 3 valves per cylinder operated by an overhead camshaft driven by a bevel shaft at the front of the engine. The rest of the clutch, gearbox, axles frame and body were standard Type 35.

This became a popular model, the simple engine being easier to maintain than its 8 cylinder sister. Later a supercharger was added (Type 37A) which gave the car an excellent performance and much success in 1.500 cm³ racing events. The top speed of the unsupercharged model was 150 k.p.h. but the supercharged version could reach 170-175 k.p.h.

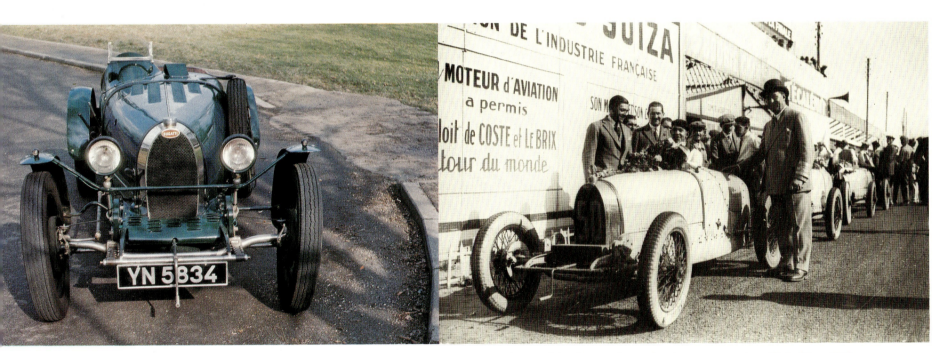

Ettore congratulates André Dubonnet after a victorious race on a type 37. Le Mans 1928.
Ettore félicite André Dubonnet après sa victoire sur une «37». Le Mans 1928.

type 37

Modèles sport.

Les succès de la voiture de course Type 35 entraînèrent une demande pour une version «sport» vendue à un prix plus abordable. Ainsi naquit le modèle 35 A, Course «Imitation» puis le modèle Type 37 à 4 cylindres pour remplacer le modèle sport Brescia dans la catégorie 1 litre 1/2.

Le type 35 A avait le même moteur de deux litres que celui de la version course mais avec le vilebrequin du Type 30 sans les paliers de bielles à rouleaux et d'autres simplifications comme, par exemple, un bloc cylindres équipé de soupapes plus petites, l'allumage par bobine et les roues à rayons et les freins de la Brescia. Le modèle ressemblait et se conduisait aussi facilement que le modèle de course, mais avec une vitesse maximum réduite (145-150 km/h). De plus, il était conseillé de ne pas rouler trop longtemps à la vitesse maximum si l'on voulait éviter de couler une bielle. Cette voiture fut appelée la «Tecla» du nom de la perle de culture.

La version 4 cylindres avait un nouveau moteur 69 × 100 mm, basé sur celui du type 28 des années précédentes. Ce moteur avait un vilebrequin à 5 paliers, avec des paliers lisses, assez bien alimenté en huile, ainsi que les trois soupapes par cylindre fonctionnant à l'aide d'un arbre à cames en tête entraîné par un arbre conique à l'avant du moteur. L'embrayage, la boîte de vitesses, le cadre des essieux et la carrosserie étaient repris du type 35. Ce modèle eut beaucoup de succès car son moteur plus simple était d'un entretien plus facile que le 8 cylindres. Un compresseur put être ajouté plus tard (Type 37 A) et permit à la voiture d'excellentes performances dans les courses de 1 500 cm³. La vitesse maximum du modèle normal était de 150 km/h et la version à compresseur pouvait atteindre 170-175 km/h.

Type 37 A with supercharger motor, right side.
Type 37 A à compresseur. Vue du moteur.

Type 37. Course.

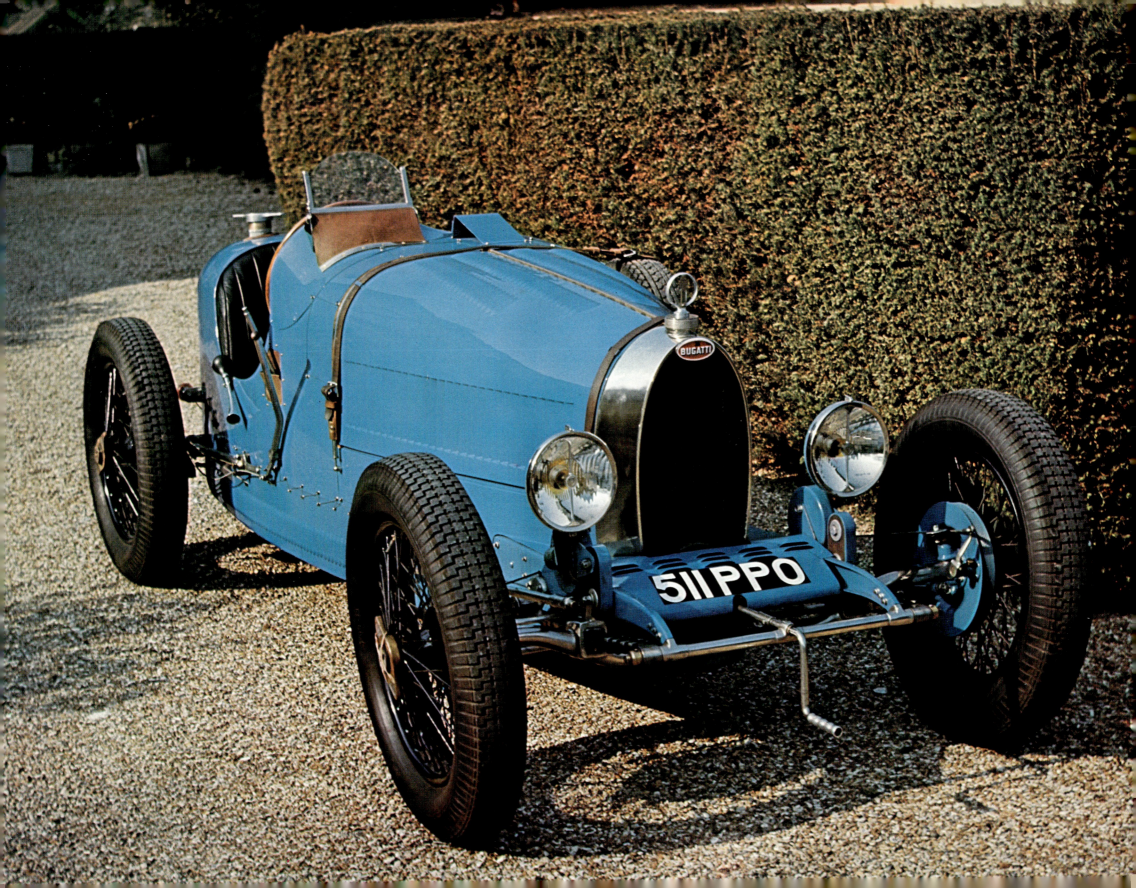

type 37

VOITURE 1l 500, Type 37
10 CV. SPORT

MOTEUR 4 cylindres. Monobloc. Alésage 69, course 100, soupapes en tête avec attaque par arbre à cames en-dessus. 3 soupapes par cylindre, 2 admissions, 1 échappement. Vilebrequin supporté en 5 points. Graissage sous pression. Carburateur automatique avec alimentation sous pression. Allumage par distributeur et accus. Avance variable. Refroidissement par circulation d'eau forcée.

EMBRAYAGE à disques multiples fonte et acier (B^{te} Bugatti)

CHANGEMENT DE VITESSE à 3 balladeurs, 4 vitesses et marche arrière.
4e vitesse en prise directe.

PONT ARRIÈRE par pignon conique et différentiel. Rapport 14 × 54.

DIRECTION par vis sans fin et roue hélicoïdale à rattrapage de jeu. Inclinaison moyenne. Barres d'accouplement et de connection montées à rotules.

ESSIEU AVANT, à section circulaire, traversé par les ressorts.

SUSPENSION. Ressorts semi-elliptiques à l'avant. Ressorts ½ elliptiques à l'arrière du châssis et dirigés vers l'avant, travaillant à la traction (B^{te} Bugatti).

FREINS sur roues arrière à main
sur roues avant et arrière au pied.

VOITURE livrée avec 5 roues, pneus, porte-phares et amortisseurs.

CARACTÉRISTIQUES

Alésage m/m	69	Contenance du réservoir d'essence litres	100
Course —	100	Consommation environ —	12
Empattement —	2 400	Livrée carrossée sport, deux places avec phares, outillage,	
Voie —	1 200		
Roues et pneumatiques —	710 × 90		
Hauteur du châssis au-dessus du sol —	360		
Encombrement m/m	3 700 × 1 450	PRIX : frs.	50.000.—

VOITURE
4 CYLINDRES - 1 500 cmc
10 CV. SPORT

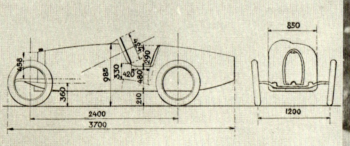

Catalogue Bugatti 1926 présentant la 37.

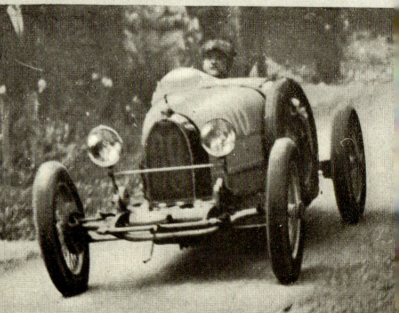

Henri Novo, the well-known French Bugatti specialist at the wheel of a type 37.
Henri Novo au volant d'une 37.

type 38

CHASSIS

2 *Lit.* - 8 CYLINDRES

11 CV. TOURISME

CHASSIS 2*l* Type 38
11 CV. TOURISME

MOTEUR 8 cylindres en ligne en deux groupes 4 cylindres. Alésage 60m/m. Course 88, soupapes en tête avec attaque par arbre à cames en-dessus. 3 soupapes par cylindre, 2 admissions, 1 échappement. Vilebrequin supporté par 3 roulements à billes. Graissage sous pression. Carburateur automatique avec alimentation par exhausteur. Allumage par distributeur et accus, avance variable. Éclairage, démarrage électriques par Dynastart. Refroidissement par circulation d'eau forcée.

EMBRAYAGE à disques multiples fonte et acier (Bte Bugatti).

CHANGEMENT DE VITESSE à 3 balladeurs, 4 vitesses et marche arrière. 4e vitesse en prise directe.

PONT ARRIÈRE par pignon conique et différentiel. Rapport du pont Ar. 12 × 56.

DIRECTION par vis sans fin, roue hélicoïdale à rattrapage de jeu. Inclinaison moyenne, sauf sur demande. Barres d'accouplement et de connection montées à rotules.

ESSIEU AVANT, de section circulaire, traversé par les ressorts.

SUSPENSION. Ressorts semi-elliptiques à l'avant. Ressorts ¼ elliptiques fixés à l'arrière du ch et dirigés vers l'avant travaillant à la traction (Bte Bugatti).

FREINS sur roues arrière à main
sur roues avant et arrière au pied.

CHASSIS livré avec 5 roues, pneus, porte-phares et amortisseurs.

CARACTÉRISTIQUES RÉSUMÉES

Alésage	m/m	60	Largeur du châssis	m/m 700
Course	—	88	Emplacement de carrosserie	— 2375
Empattement	—	3122	Entrée de carrosserie	— 1725
Voie	—	1250	Contenance du réservoir d'essence. litres 60
Roues et pneumatiques straight-side		29 × 4,40	Consommation environ	— 14
Hauteur du châssis au-dessus du sol	→	355		
Encombrement	m/m	4040 × 1500	**PRIX DU CHASSIS : frs. 49.000.—**

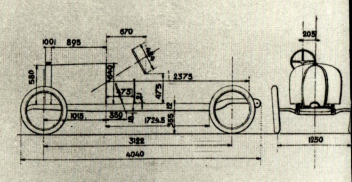

Catalogue Bugatti 1926.

type 38

Touring Car

By the end of 1925 Bugatti needed new production touring models to replace the Brescia and the 8 cylinder Type 30. They appeared about the same time, although the 8 cylinder car is numbered Type 38 and the 4 cylinder model Type 40.

The exact evolution of Bugatti models is complicated and of importance perhaps only to the historian. In fact the Type 38 grew out of a Type 33 which never materialised except as some engineering drawings. It was effectively new in every respect except for the engine. That element was indeed identical to the engine of the Type 35A (except for the mounting of the crankcase to the frame) and thus had the crankshaft and cylinder blocks (60 × 88 mm 1.996 cm³) from the Type 30, in a new crankcase, but the frame was longer and heavier, with new designs of radiator, gearbox, rear axle, brakes all similar in style to that which had gone before (and instantly recognisable as such), but improved and reinforced. The gearbox now had the disposition of the gears in the conventional sense (1 and 3 forward), as compared with the 8 valve, Brescia and Grand Prix box where 2 and 4 were forward. Suspension was as before with reversed 1/4 elliptics at the rear. The chassis design in all details was excellent and was retained for several models to come in the future.

However the car itself was not very successful. The chassis was excellent but heavy enough to require more power than the simple 2 litre engine could give it. A few supercharged 38A models were produced but the crankshaft and bearings were not up to the increased power. The chassis needed a better engine which it was soon to get.

The model was produced between 1926 and 1928.

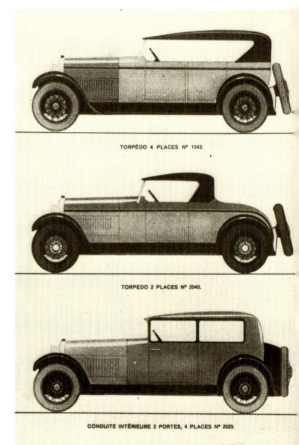

Four bodies drawings printed in the 1927. Bugatti general catalogue for the type 38.
Quatre études de carrosseries pour le type 38. parues dans le catalogue général Bugatti 1927.

Coupé de ville sur châssis 38.
Une Torpédo 38 A en 1927.

La voiture de tourisme

Vers la fin de 1925, Bugatti avait besoin de produire de nouveaux modèles de tourisme pour remplacer la Brescia et le Type 30 de 8 cylindres. Ils apparurent presque au même moment, bien que la 8 cylindres fût dénommée type 38 et la 4 cylindres Type 40.

L'évolution exacte des modèles Bugatti est compliquée et n'est importante peut-être que pour les historiens. En fait le type 38 vient du type 33 qui n'a jamais dépassé le stade de la planche à dessin. Il était tout à fait nouveau sauf pour le moteur, repris du type 35 A (excepté le montage du carter sur le châssis). Il avait donc le vilebrequin et le bloc cylindres (60 × 88 mm, 1 966 cm³) du Type 30, avec un nouveau carter, mais le châssis était plus long et plus lourd. Radiateur, boîte de vitesses, essieu arrière et freins avaient été améliorés et redessinés mais dans un style similaire aux modèles précédents et donc instantanément reconnaissables. La boîte de vitesses avait maintenant la disposition conventionnelle (première et troisième en avant), différente de celles des 8 soupapes, Brescia et Grand Prix où la seconde et la quatrième étaient en avant. La suspension n'avait pas changé, avec à l'arrière les ressorts 1/4 elliptiques inversés. A tous points de vue la conception du châssis était excellente et fut retenue pour de futurs modèles.

Cependant, la voiture n'eut pas beaucoup de succès. Le châssis était excellent, mais trop lourd pour la puissance offerte par le moteur de 2 litres. Quelques modèles 38 A à compresseur furent produits, mais le vilebrequin et les têtes de bielle ne purent résister à l'augmentation de puissance. Le châssis avait besoin d'un meilleur moteur, qu'il devait recevoir bientôt. Ce modèle fut produit entre 1926 et 1928.

type 40

Type 40. Roadster 1928. Photo Jean Novo.

1 1/2 litre Touring Car

The sporting market filled by the Brescia having been taken over by the Type 37, Bugatti now turned his attention to a new touring chassis to use the 4 cylinder 37 engine and thus produced the Type 40. This had a new frame similar to that of the 8 cylinder Type 38 but lighter and of shorter wheelbase; it used the same new gearbox and a rear axle with a narrower track. The front axle was circular in section with the springs passing through it, similar to the Grand Prix axle but was solid. The steering box, brake work and other detail were all similar to the Type 38 suitably lightened to suit the smaller car.

The result was an excellent small car, often fitted with a smart "Grand Sport" body of Bugatti manufacture, but very frequently with a variety of bodies, many of which were closed sedans which the new reinforced chassis was better able to carry than was the rather flexible Brescia.

This car had all the traditional handling characteristics of a Bugatti, good steering, excellent brakes and was not uncomfortable. It lacked some of the nervous performance of a Brescia but was more attractive on the road than the Type 38.

type 40

Above all it was simple, reliable and reasonably cheap. It introduced many an owner to the pleasures of driving a Bugatti – indeed it still does.

At the end of the production run in 1930 some 50 versions known as Type 40A were produced. The engine was enlarged to 72 × 100 mm, using a single Type 44 cylinder block, but the main feature of the model was the American-style 2 seat roadster body which Jean Bugatti was responsible for and which was made at Molsheim.

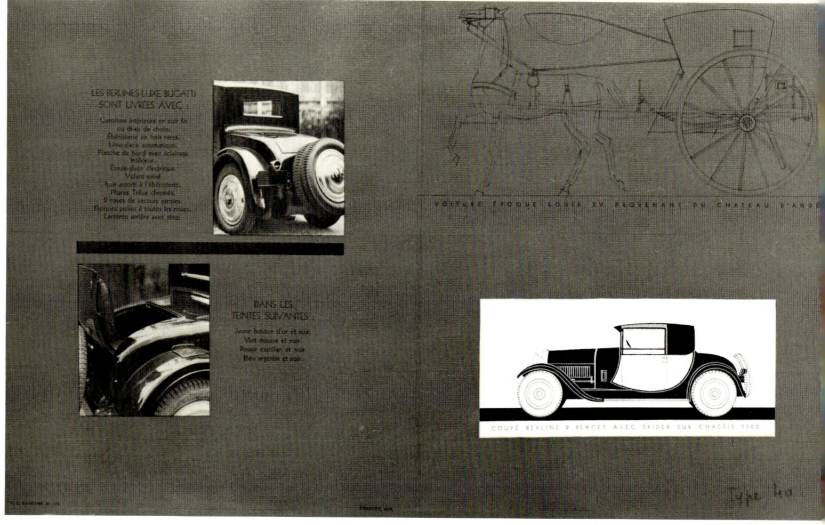

A Type 40 with the famous "Fiacre" body published on the 1927 catalogue.

Type 40. Cabriolet 1928.

type 40

Une spécialité Bugatti : la carrosserie «Fiacre». Catalogue 1927.

Voiture de tourisme 1 1/2 litre.

La place de la voiture de sport qu'occupait la Brescia ayant été prise par le type 37, Bugatti dirigea alors son attention vers un nouveau modèle de tourisme qui pourrait utiliser le moteur «37» 4 cylindres et produisit ainsi le Type 40. Ce modèle avait un nouveau châssis semblable à celui du type 38 à 8 cylindres mais plus léger et d'empattement plus court. Bugatti utilisa la même nouvelle boîte de vitesses et un essieu arrière donnant une voie plus étroite. L'essieu avant avait une section circulaire et les ressorts passaient à travers comme sur les «Grand Prix», mais il était plein. Le carter de direction, les freins et autres détails étaient semblables à ceux du Type 38 mais avaient été allégés pour répondre aux exigences d'une voiture plus petite.
Le résultat fut une excellente petite voiture portant souvent une carrosserie «Grand Sport» construite par Bugatti. Mais on trouvait une variété de carrosseries, dont de nombreuses conduites intérieures que le nouveau châssis renforcé supportait plus facilement que celui par trop flexible de la Brescia.
La «40» avait toutes les caractéristiques traditionnelles des Bugatti, tenue de route, bonne direction, excellents freins et d'un confort très acceptable. Il lui manquait cependant la nervosité de la Brescia, tout en étant plus agréable sur la route que le Type 38. Elle était surtout simple, fiable et peu coûteuse. Elle donna plaisir de conduire une Bugatti à de nombreux amateurs et elle le fait encore.
Au terme de sa fabrication en 1930, il y eut une série d'environ 50 Type 40 A. La cylindrée du moteur fut augmentée à 72 × 100 mm, en utilisant un bloc cylindres simple Type 44, mais le changement principal était l'adoption d'une carrosserie style roadster américain à deux places, dont Jean Bugatti était le créateur et qui était fabriquée à Molsheim.

Prescott April 1976: A type 40 Sport ready to hill-climb.
Avril 1976 à Prescott, haut lieu des Bugattistes anglais, une 40 «Sport» prête pour la course.

type 40

CHASSIS 1 l 500, Type 40
10 CV. TOURISME

MOTEUR. 4 cylindres monobloc. Alésage 69 m/m, course 100, soupapes en tête avec attaque par arbre à cames en dessus. 3 soupapes par cylindre, 2 admissions, 1 échappement. Vilebrequin supporté en 5 points. Graissage sous pression. Carburateur automatique avec alimentation par exhausteur. Allumage par distributeur et accus. Avance variable. Éclairage, démarrage électriques. Refroidissement par circulation d'eau forcée.

EMBRAYAGE à disques multiples fonte et acier (B^te Bugatti).

CHANGEMENT DE VITESSE à trois baladeurs, 4 vitesses et marche arrière, 4ème vitesse en prise directe.

PONT ARRIÈRE par pignon conique et différentiel. Rapport du pont 12 × 56

DIRECTION par vis sans fin, roue hélicoïdale à rattrapage de jeu. Inclinaison moyenne, sauf sur demande. Barres d'accouplement et de connection montées à rotules.

ESSIEU AVANT, à section circulaire, traversé par les ressorts.
SUSPENSION. Ressorts semi-elliptiques à l'avant. Ressorts ½ elliptiques fixés à l'arrière du châssis et dirigés vers l'avant travaillant à la traction (B^te Bugatti).
FREINS sur roues arrière à main.
sur roues avant et arrière au pied.
CHASSIS livré avec 5 roues, pneus, porte-phares et amortisseurs.

CARACTÉRISTIQUES RÉSUMÉES

Alésage	m/m	69	Emplacement de carrosserie { court m/m	2050
Course		100	{ long.	2200
Empattement court		2564	Entrée de carrosserie { court	1430
Voie		1200	{ long.	1580
Roues et pneumatiques straight-side		28 × 3.50	Contenance du réservoir d'essence. litres	60
Hauteur du châssis au-dessus du sol		370	Consommation environ	10
Encombrement court m		3459 × 1450		
Largeur du châssis	m/m	700	PRIX DU CHASSIS : frs. 32.500,—	

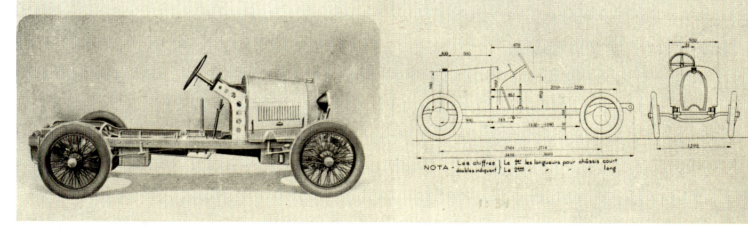

CONDUITE INTÉRIEURE 2 PORTES, 2-3 PLACES N° 2032.

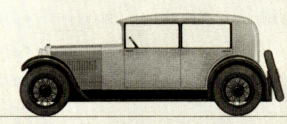
CONDUITE INTÉRIEURE 4 PORTES, 4 PLACES N° 2030.

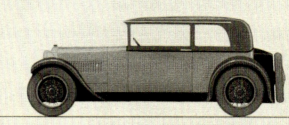
CONDUITE INTÉRIEURE 2 PORTES, 3 PLACES N° 2038.

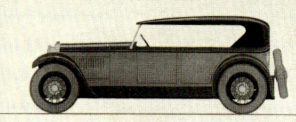
TORPEDO 4 PORTES, 4 PLACES N° 2043.

Four bodies drawings published in 1927 for the type 40.
Quatre dessins de carrosseries étudiés pour le type 40 (1927).

From the 1926 Bugatti catalogue type 40 technical data.
Caractéristiques du type 40 extraites du catalogue général Bugatti 1926.

A nice type 40 convertible to-day in Holland.
Type 40. Cabriolet 1930. (Rallye Bugatti 1975).

type 41 ROYALE

The "Royale" 41100 with his Packard body presented on a Bugatti catalogue with the four Ettore's children:
L'Ebé, Lydia, Roland and Jean at the wheel.
In spite of the text, the King of Spain Alfonso XIII was never the proud owner of this car.

La «Royale» 41100 avec sa carrosserie Packard présentée sur une plaquette éditée par Bugatti : ou reconnaît les quatre enfants d'Ettore : L'Ebé, Lydia, Roland et Jean au volant. Malgré le texte, le Roi d'Espagne Alphonse XIII n'en prit jamais possession.

La Bugatti Royale
Sa Majesté le ROI ALPHONSE XIII recevra cette année le premier exemplaire cette construction privilégiée

The "Royale" 41100 after the second world war, when it was still in the Bugatti family hands.
La «Royale» 41100 dans sa dernière version «Coupé Napoléon» alors qu'elle était encore entre les mains de la famille Bugatti.

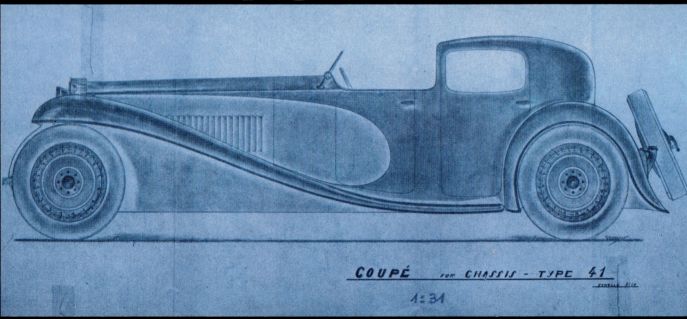

A factory drawing of the chassis 41100 "Royale" in his last version "Coupe Napoléon".
Un «bleu d'usine» de la «Royale» châssis 41100 dans sa dernière version «Coupe Napoléon».

Type 41 «Royale» châssis 41100. Coupé de ville. Carrosserie Bugatti.

type 41

Royal Elegance

We now arrive, in our story of the evolution of the Bugatti automobile, at its most incredible phase: the production of the Royale – the car of Kings which no King ever owned!

The time was 1926, Bugatti at the pinnacle of his success in the racing world, and with several production cars being turned out regularly alongside a substantial production of the Grand Prix cars themselves (in one peak month in 1926 he delivered no less than 32 Grand Prix cars of various models). No doubt he now had finance to produce an extravaganza of a car as he had long wished to

The second version of the Royale chassis nº 41111, a coupé de ville built by Binder in 1939. The photo was taken in Paris after the second world war before the car leaves home for U.S.A.
La «Royale» châssis 41111 dans sa seconde version, un coupé de ville signé Binder en 1939, photographiée à Paris après la guerre avant son départ pour les U.S.A.

Motor right side of the type 41 «Royale» châssis 41111.
Détails moteur côté droit. Photo Jean-Paul Caron.

Type 41. «Royale» châssis 41111. Coupé de ville. Carrosserie Binder. Collection du Musée Harrah Reno (U.S.A.). Photo Jean-Paul Caron.

type 41

do, although he himself would have considered that it was appropriate that he, Bugatti, should produce a super-car, bigger and better than anything that had gone before.

The result was the Type 41 Royale, a monster car with a wheelbase of 4.3 m., a track of 1.6 m., and an engine of 12.7 litres (8 cylinders 125 × 130 mm), with a fiscal horsepower of 73 CV in France or 78 HP in Britain (even a Rolls Royce only aspired to 40 HP.).

The first prototype which took the road at the end of 1926 or early 1927 had an even larger engine initially (15 litres, 125 × 150 mm) and was tested with a touring body from a Packard. Contemporary accounts refer to its excellent performance and good handling in spite of its size.

Orders were however slow in coming. King Alfonso of Spain tried the car and was interested: he lost his crown before an order materialised. Other vague rumours mentioned King Carol of Romania and Arab potentates, but remained rumours.

Then M. Armand Esders a French clothing manufacturer ordered a roadster, designed by Jean Bugatti and built at Molsheim, a German psychiatrist Dr. J. Fuchs a Weinberger cabriolet and a food manufacturer from England, Captain C. Foster,

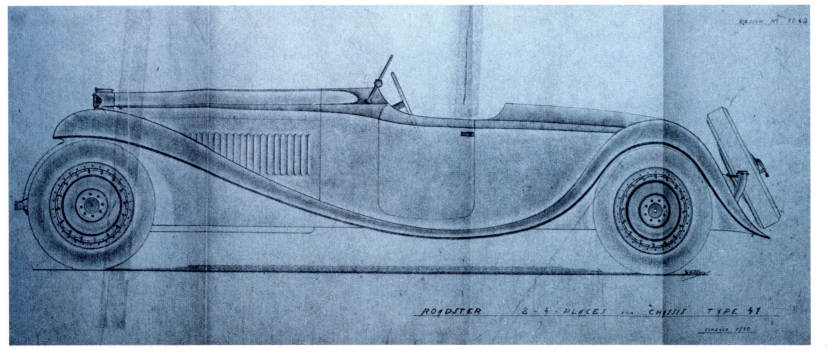

A factory drawing of the 1931 Royale roadster first version of the chassis 41111.
Un «bleu d'usine» de la «Royale» châssis 41111 dans sa première version roadster 1931.

a third chassis, to be fitted with a British built saloon body by Park-Ward. These were to be the only three orders, although Bugatti built two other chassis for "stock" but unhappily they remained unsold until after the war.

The history of the six chassis built is briefly as follows:

Chassis 41100 (1926)

Prototype with Packard body; rebodied with 2 door coach coupé; rebodied again with a 4 door coach body then an elegant Weymann coach; crashed by Ettore and rebuilt extensively with a coupé de Ville and retained by the family. Now in the Schlumpf collection.

Chassis 41111 (1931)

Esders roadster, rebodied with a coupé de Ville by Binder in 1939; now in the Harrah Museum at Reno.

Chassis 41121 (1931)

Fuchs coupé by Weinberger of Munich, to the U.S.A. about 1937. Now in Henry Ford Museum at Dearborn.

Chassis 41131 (1933)

Foster limousine by Park-Ward. Now in Schlumpf's hands after some years in the Shakespeare collection in the U.S.A.

Chassis 41141 (1932)

2 door sedan by Kellner, sold by the Bugatti Family post-war to the U.S.A. Now in the Briggs Cunningham Museum in California.

Dashboard rear interior compartment of the type 41 "Royale" chassis 41111.
Détails du tableau de bord, du compartiment passagers arrière. Photo Jean-Paul Caron.

One of the most beautiful body ever built: on a Jean Bugatti drawing, the "Esders" roadster chassis 41111. 1931.
Considérée par beaucoup comme la plus jolie carrosserie jamais construite, sur un dessin de Jean Bugatti. Roadster «Esders» 41111. 1931.

type 41

Chassis 41150
Bugatti built Berline de Voyage retained by the family and sold with 41141. Now in the Harrah Museum at Reno. Bugatti probably blamed the world recession of 1928-30 for the lack of success of the car. We might feel that at a chassis price over twice that of a large Rolls Royce there were other reasons! Ettore no doubt consoled himself with the publicity and by finding a successful home for the engine in his Railcars.

Type 41 «Royale» châssis 41131. Limousine. Carrosserie Park-Ward.

Type 41 «Royale» châssis 41121. Cabriolet Weinberger.
Collection du «Greenfield Village and the Henry Ford Museum» Dearborn. Michigan (U.S.A.).

type 41

The elephant mascot, Ettore's brother Rembrandt sculpture was the symbol of the "Royale".
L'éléphant, repris d'une sculpture de Rembrandt Bugatti, frère d'Ettore, symbole des «Royale». Photo Jean-Paul Caron.

Elégance royale.

Nous arrivons maintenant, dans notre histoire de l'évolution des voitures Bugatti, à la phase la plus incroyable : la production de la Royale — La voiture des Rois qu'aucun Roi ne posséda !
Nous sommes en 1926, Bugatti se trouve au sommet de la gloire dans le monde de la course automobile. Plusieurs types de voitures de tourisme sortent régulièrement de l'usine, de même qu'un grand nombre de voitures de Grand Prix (en un mois de 1926, il livra jusqu'à 32 voitures Grand Prix de différents modèles). Bugatti a maintenant l'argent nécessaire pour produire l'extravagante voiture qu'il veut créer depuis longtemps. Il pense que le moment est venu pour que, lui, Bugatti, produise une super-voiture, plus grande et meilleure que toutes celles qui ont été conçues jusqu'à présent.
C'est la Royale, Type 41, un véritable monstre avec un empattement de 4,30 mètres, une voie de 1,60 mètres et un moteur de 12,7 litres (8 cylindres 125 × 130 mm) avec une puissance fiscale de 73 CV en France ou 78 HP en Grande Bretagne (même la Rolls Royce n'arrivait qu'à 40 HP).
Le premier prototype qui prit la route à la fin de 1926 ou début 1927 avait même un plus gros moteur (15 litres, 125 × 150 mm). Il fut essayé avec une carrosserie Packard. Les commentaires de l'époque affirment que malgré sa taille la voiture était très maniable et avait d'excellentes performances.

Type 41 «Royale» châssis 41141. Coach. Carrosserie Kellner.
Collection du Musée Automobile Briggs Cunningham.
Costa Mesa. California. U.S.A. Photo Jean-Paul Caron.

type 41

Type 41 «Royale» châssis 41141. Coach. Carrosserie Kellner.
Collection du Musée Automobile Briggs Cunningham.
Costa Mesa. Californie. U.S.A. Photo Jean-Paul Caron.

type 41

Dashboard, interior and motor (right side).
Détails de l'intérieur et du moteur côté droit.

Type 41 «Royale» châssis 41150. Berline de voyage. Carrosserie Bugatti.
Collection du Musée Harrah. Reno (U.S.A.). Photo Jean-Paul Caron.

type 41

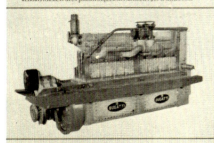
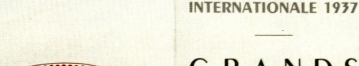

Cependant les commandes n'affluèrent pas. Le Roi Alphonse XIII d'Espagne essaya la voiture et la trouva intéressante : mais il perdit sa couronne avant d'en commander une. D'autres rumeurs mentionnent le Roi Carol de Roumanie et des potentats arabes, comme acheteurs potentiels mais ce ne furent que des rumeurs.

M. Armand Esders, un fabricant français d'habillement commanda un roadster, dessiné par Jean Bugatti et construit à Molsheim, un psychiatre allemand, le docteur J. Fuchs un cabriolet carrossé par Weinberger, et un industriel anglais, le Capitaine C. Foster commanda un troisième châssis qui devait être carrossé en limousine par Park-Ward. Ce furent les trois seules commandes, bien que Bugatti ait construit deux autres châssis pour garder en stock, mais malheureusement jusqu'après la guerre ils ne furent pas vendus.

Voici brièvement l'histoire des six châssis qui furent construits.

Châssis 41100 (1926).

Prototype avec carrosserie Packard ; recarrossé en coupé 2 portes ; recarrossé de nouveau en coach à 4 portes puis avec une élégante carrosserie Weymann ; démoli dans un accident par Ettore puis reconstruit en coupé de ville et gardé par la famille. Se trouve maintenant dans la Collection Schlumpf.

Châssis 41111 (1931).

Le Roadster d'Esders, recarrossé en

coupé de ville par Binder en 1939; se trouve maintenant au Musée Harrah à Reno.

Châssis 41121 (1931)

Celui de Fuchs, cabriolet carrossé par Weinberger de Munich; se trouve aux USA depuis 1937. Maintenant au Musée Henry Ford à Dearborn.

Châssis 41131 (1933).

La limousine de Foster carrossée par Park-Ward. Actuellement dans la collection Schlumpf après avoir passé quelques années dans la collection Shakespeare aux USA.

Châssis 41141 (1932).

Coach deux portes carrossé par Kellner, vendu par la famille Bugatti après la guerre aux USA. Se trouve maintenant dans la collection de Briggs Cunningham à Costa Mesa en Californie.

Châssis 41150.

Berline de voyage construite par Bugatti, gardée dans la famille puis vendue avec le châssis 41141. Se trouve maintenant au Musée Harrah à Reno.

Bugatti accusa probablement la dépression mondiale de 1928-30 pour expliquer le manque de succès de la voiture. On peut penser qu'avec un châssis qui coûtait deux fois plus cher que celui d'une grande Rolls Royce, il y avait d'autres raisons! Sans doute, Ettore se consola avec la publicité faite par la voiture et en trouvant une bonne place au moteur «Royale» dans ses autorails.

Killed partly by the world recession of the early thirties, the "Royale" was not a commercial success. On the other hand, the rail-car equipped with two "Royale" motors has played a great part for the Bugatti reputation.
Si, en partie à cause de la crise économique du début des années 30, la «Royale» ne remporta pas le succès commercial escompté, par contre les autorails Bugatti qui utilisèrent son moteur contribuèrent rapidement au prestige et au renom de la marque.

type 43

les 7 merveilles du monde sont les vestiges des gloires passées **la Bugatti est la merveille de notre époque**

13 C. V. grand sport - 2 litres 300 - 8 cylindres - type 43

Moteur 8 cylindres en ligne en deux groupes 4 cylindres. Alésage 60 m/m, course 100, soupapes en tête avec attaque par arbre à cames en dessus. 3 soupapes par cylindre, 2 admissions, 1 échappement. Vilebrequin supporté par 5 paliers, bielles à rouleaux. Compresseur Bugatti placé entre carburateur et tubulure d'admission. Allumage par magnéto, avance variable. Refroidissement par circulation d'eau forcée. Dynamo et démarreur séparés.

Embrayage à disques multiples fonte et acier (Brevets Bugatti).

Changement de vitesse à 3 baladeurs, 4 vitesses de marche avant et 1 de marche arrière. 4e vitesse en prise directe. Levier central.

Pont arrière, couple conique 13 × 54, différentiel.

Direction par vis sans fin et roue à rattrapage de jeu. Inclinaison 28°.

Essieu avant, corps de section circulaire, traversé par les ressorts, nickelé.

Suspension. Ressorts semi-elliptiques à l'avant. Ressorts ¼ elliptiques à l'arrière et dirigés vers l'avant, travaillant à la traction (Brevets Bugatti).

Freins sur les quatre roues au pied, sur roues AR à main.

Roues en aluminium (Brevets Bugatti).

Carrosserie tôle, capitonnage cuir, planche de bord noyer, capote, emplacement pour bagages dans la pointe arrière.

Voiture livrée avec cinq roues garnies, amortisseurs, éclairage et démarrage électriques, appareils de bord, carrossée "Grand Sport", 4 places.

CARACTÉRISTIQUES RÉSUMÉES

Alésage	m/m	60
Course	—	100
Voie	—	1250
Empattement	—	2972
Encombrement	—	1560 × 4320
Pneus à tringles	—	28 × 4,95
Contenance du réservoir à essence	lit.	72
Consommation environ	—	16
Poids à vide, carrossée	kg.	1000

Ce modèle peut être livré carrossé ou en châssis nu.

VOITURE TYPE "GRAND SPORT" 3-4 PLACES

Extrait du catalogue Bugatti 1927.

type 43

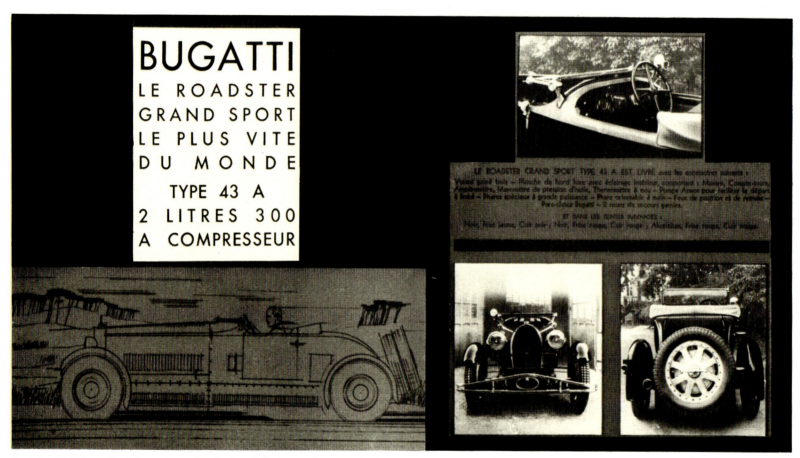

From the 1930 Bugatti catalogue presenting the "world fastest roadster" 43 A.
Extrait du catalogue Bugatti 1930 présentant le «Roadster Grand Sport» le plus vite du monde 43 A.

Grand Sport

If the Royale was destined to failure, a sports car adaptation of the supercharged Type 35B was to prove an outstanding and long lasting success. The new car which appeared in 1927 used the new supercharged 2.3 litres (60 × 100 mm) engine, with a modified crankcase to suit a new long wheelbase frame, but otherwise identical to the racing engine. This had already shown itself to be outstandingly flexible and capable of running happily on the road. It needed a larger radiator for town work, and a larger body to seat what the factory with surprising modesty were to call 3 1/2 passengers! Two small women could just manage the rear seat of a very elegant Molsheim designed Grand Sport body, following the curved shape of the rear of the frame with a line with a clear family resemblance to the Grand Prix body.

Type 43 «Grand Sport». Collection Hugh Conway.

type 43

Divo, the famous driver, fills up his type 43 petrol tank, during the 1929 T.T.
Divo, le célèbre pilote, remplit le réservoir de sa 43 durant le Tourist Trophy 1929.

The car had in 1927 and still has 50 years later a remarkable performance; it was the first sports car to be sold in production capable of exceeding 160 k.p.h. (100 m.p.h.) and could cover a standing start kilometre in less than 35 secs. It could indeed be started from rest in 4th gear! Its steering and brakes were first class, and the long wheelbase gave it surprising comfort on long journeys. Most of the early production cars had the standard Grand Sport body, but later various roadster versions and a few coupé bodies were fitted to the chassis. In 1929 the final production models were fitted with an American-style roadster body designed by Jean Bugatti under the designation 43A, complete with door-hatch for golf clubs, but the heavier body detracted from the performance of the earlier model.

The car was expensive when new, costing more in fact than the 35B racing car. The roller bearing crankshaft needed removal and re-rolling every 10.000 km. or so and unless substantial sums were spent on the car it would soon deteriorate. Probably as a result of this only some 160 of the cars were made, but today, provided the owner is able and willing to look after it, it is still one of the outstanding Bugatti models.

Type 43. «Grand Sport». Collection G. Prick (Belgique). Photo Jean Prick.

type 43

8 Cylinder 17.8 H.P. (2300 c/c.) Supercharged Type 43

8 CYLINDER 17.8 H.P (2300 c/c.) SUPERCHARGED 3/4 SEATER "GRAND SPORT" MODEL
TYPE 43

Specification

ENGINE.	8 cylinder cast in two sets of four in line, bore 60 m/m, stroke 100 m/m, cooled by pump circulation, overhead valves operated by overhead cam shaft, two inlet valves and one exhaust valve to each cylinder. Five ball and roller crankshaft bearings, roller bearing connecting rods. Bugatti supercharger fitted between the carburetter and the inlet pipe, single carburetter, forced feed lubrication by pressure pump. Magneto ignition, with variable advance, separate dynamo and starting units.
CLUTCH.	Multiple (cast iron and steel) discs (Bugatti patent).
GEARS.	Gate change, central control, four forward speeds and reverse direct drive on top.
BACK AXLE.	Bevel drive, ratio 13 × 54.
STEERING.	Worm and helical wheel, irreversible and adjustable with ball and socket connecting rods.
FRONT AXLE.	Of circular section, with front springs passing through the axle.
BRAKES.	On all four wheels, operated by pedal, and rear brakes only operated by hand.
WHEELS.	Aluminium, detachable (Bugatti patent).
EQUIPMENT.	Spare wheel complete with tyre, electric lighting and starting, shock absorbers on all four wheels, grease gun lubrication and tool kit.
COACHWORK.	Metal panelling, leather upholstery, hood and screen (room for luggage is provided for in the tail.)

Bore	60 m/m
Stroke	100 m/m
Track	4' 1"
Wheel base	9' 9"
Overall dimensions	14' 1½" × 5' 1½"
Petrol tank capacity	16 galls.
Wheels, straight sided tyres	28 × 4.95
Weight, complete with body, approximately	20 cwt.

8 CYLINDER 17.8 H.P. (2300 c/c.) SUPERCHARGED 4 SEATER TOURING MODEL
TYPE 43

From a 1928 English leaflet giving the type 43 technical data.
Extrait d'une plaquette anglaise présentant les caractéristiques du type 43 en 1928.

Type 43. «Grand Sport». Collection T.E. Fonternel (Afrique du Sud).

type 43

« Grand sport ».

Si la Royale fut un échec, une adaptation sportive du Type 35 B à compresseur devait s'avérer un succès exceptionnel et durable.

La nouvelle voiture, apparue en 1927, avait le nouveau moteur 2,3 litres (60 mm × 100 mm) à compresseur identique à celui de la voiture de course mais avec un carter modifié s'adaptant à l'empattement plus long.

Ce moteur avait déjà fait la preuve de sa souplesse et de sa parfaite aisance sur la route.

La 43 fut équipée d'un radiateur plus grand pour éviter qu'elle ne chauffe dans la circulation urbaine et d'une carrosserie plus large comportant 3 places 1/2 (suivant les dires surprenants de l'usine !).

En fait, deux femmes de petite taille pouvaient à peine trouver place sur la banquette située dans la pointe arrière de l'élégante carrosserie Bugatti Grand Sport inspirée du modèle de course.

La voiture avait en 1927, et a toujours cinquante ans après, des performances remarquables.

Ce fut la première voiture sport de série capable de dépasser 160 km/h (100 M.P.H.) et de couvrir le kilomètre lancé en moins de 35 secondes. Elle pouvait démarrer en quatrième ! La direction et les freins étaient excellents et le long empattement permettait de longs voyages avec un confort étonnant.

La plupart des premiers modèles reçut la carrosserie de série «Grand Sport», mais plus tard d'autres versions, roadsters et coupés équipèrent également le châssis 43.

En 1929, les derniers modèles furent carrossés en roadsters, style américain, avec trappe pour les clubs de golf, mais, plus lourds, ils n'avaient pas les mêmes performances (Type 43 A).

Plus chère qu'une voiture de course 35 B, la 43 était très coûteuse.

Le vilebrequin à roulements à rouleaux devait être démonté et rénové tous les 10.000 kilomètres et la voiture était très onéreuse d'entretien.

C'est la raison pour laquelle 160 modèles seulement furent construits.

Mais aujourd'hui si son propriétaire veut bien s'en occuper soigneusement, quel plaisir il aura avec l'une des plus «superbes» Bugatti !

Type 43 A. Cabriolet. Collection M. Wall (Angleterre).

type 44

La 3 litres BUGATTI 1929

TYPE 44
8 cylindres en ligne, 69 × 100
Cylindrée : 2.991 cm³
Vilebrequin à 9 paliers
Arbre à cames en tête
Poids du châssis nu : 900 kgs

type 44

3 litre Luxury

Bugatti could see that his 2 litre touring Type 38 was not selling well and knew that he must do better. The result was the Type 44, with a new 3 litre (69 × 100 mm) engine and a chassis very similar to the Type 38.

The axles, brakes, steering and gearbox were all as on the 38 and 40 and already in production. The engine was new to production but owed much to the layout of the 1920 Type 28, and many of the parts were in production for the Type 37 and 40: the cylinder blocks and valve gear, the pistons and connecting rods, even the crankshaft was made up of 2 Type 40 cranks joined together at 90°. The drive to the camshaft was between cylinders 4 and 5 and a cross shaft drove the oil pump and water pump on the left side. Lubrication was as on the Type 40, the mains under pressure, the connecting rods by the "système Bugatti" with jets feeding grooves in the crankshaft.

The car was splendid, smooth, flexible and with a good performance up to about 145-150 k.p.h. Now for the first time could the owner of a Bugatti fit a comfortable closed coachwork worthy of the chassis. It was an instant sales success and continued in production from October 1927 until the end of 1930, over 1.000 being produced in all — second only to the Brescia in volume.

About 1929 Bugatti abandoned his low pressure jet lubrication system — one suspects Jean's influence — and introduced a proper full-pressure system of modern type, at the same time altering the crank throw arrangement to one with better balance, and moving the oil pump to a more appropriate position at the bottom of the sump.

At the start of the Lyon meeting 1974.
Type 44. «Grand Sport» au départ du «Grand Prix de Lyon» en 1974.
Collection M. Huet. Photo Jean Novo.

type 44

3 litres de luxe.

S'apercevant que le type 38, 2 litres de tourisme ne se vendait pas bien, Bugatti sentit qu'il devait faire mieux. Le résultat fut le Type 44 avec un nouveau moteur de 3 litres (69 mm × 100 mm) et un châssis très semblable à celui du Type 38.

Les essieux, les freins, la direction et la boîte de vitesses étaient ceux des types 38 et 40 déjà en production. Le moteur était nouveau mais devait beaucoup à celui du Type 28 de 1920 et plusieurs de ses éléments étaient fabriqués pour les Types 37 et 40 : les blocs cylindres, les commandes de soupapes, les pistons, les bielles et même le vilebrequin étaient faits de 2 du Type 40 assemblés à 90°. La transmission à l'arbre à cames se faisait entre les cylindres 4 et 5 et un arbre transversal entraînait les pompes à huile et à eau situées sur le côté gauche. Le graissage se faisait comme sur le Type 40, sous pression. Le graissage des bielles se faisait lui, par le système Bugatti de jets alimentant des rainures dans le vilebrequin.

La voiture était splendide, douce, souple, très maniable et avait d'excellentes performances (145/150 km/h). Pour la première fois, le propriétaire d'une Bugatti était confortablement installé dans une carrosserie fermée digne du châssis. Ce fut un succès immédiat et la production dura d'octobre 1927 à la fin de 1930.

Plus de 1 000 Type 44 furent construites, un chiffre que seules les Brescia dépassèrent.

Vers 1929, Bugatti abandonna son système de graissage par jets à basse pression, probablement sous l'influence de Jean, introduisit un système de graissage sous pression moderne, modifia le calage du vilebrequin pour obtenir un parfait équilibre et déplaça la pompe à huile à une meilleure place en bas du carter.

Type 44. Berline. Collection M. Roy (France).

type 44

The type 44 presented as "the new 3 litre" on the 1927 Bugatti catalogue.
La type 44, présentée comme «la nouvelle 3 litres» sur le catalogue Bugatti 1927.

Type 44. Torpédo 4 places.

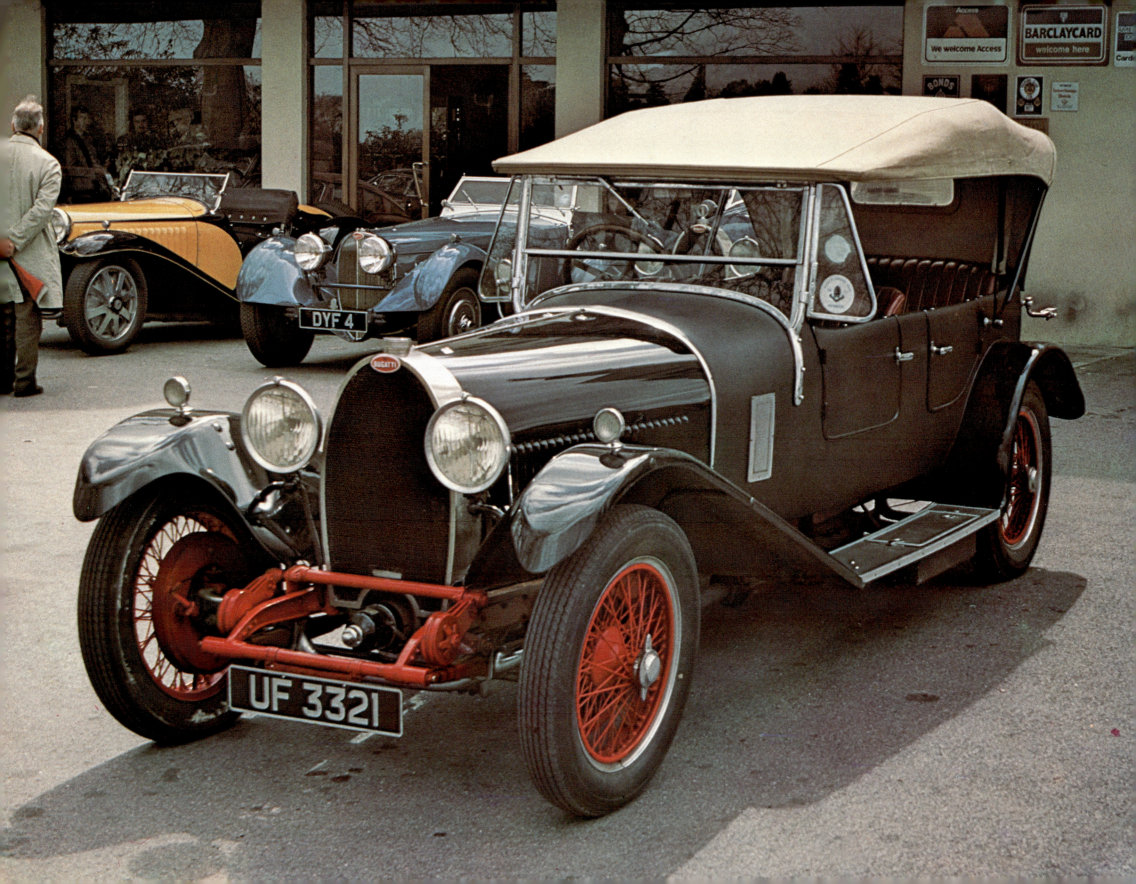

Type 44. Torpédo.

Type 44. Cabriolet décapotable. Carrosserie Van Vooren.
Collection Albert Jean de Lay (Luxembourg).

type 44

The well-loved Bugatti bodied "Fiacre" type 44. 1927 Catalogue.

Les «Fiacres» Bugatti sur châssis 44. Catalogue 1927.

type 44

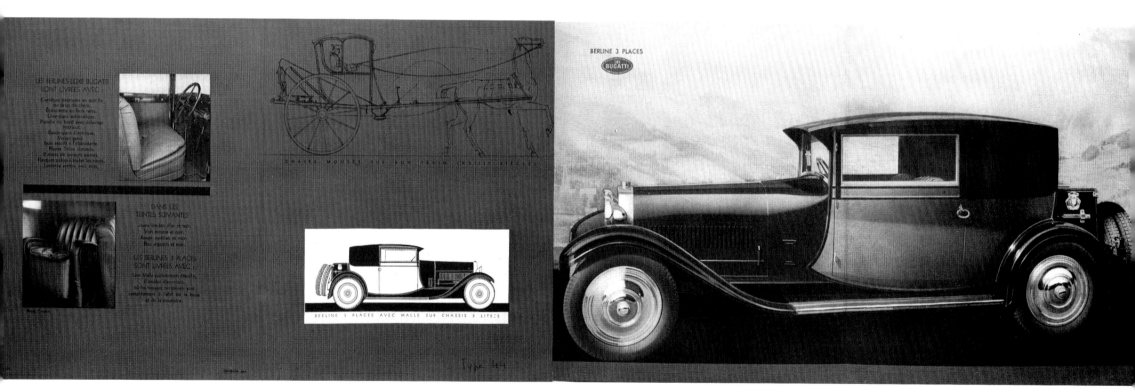

The well-loved Bugatti bodied "Fiacre" type 44. 1927 Catalogue.
Les «Fiacres» Bugatti sur châssis 44. Catalogue 1927.

Type 44. Coupé «Fiacre». Collection Allan Söderström (Suède).

type 45/47

At the start at Klausen, Chiron and Bourriat with the 16 cylinders type 45.
Chiron et Bourriat à Klausen prêts à prendre le départ sur la 16 cylindres type 45.

Le moteur 16 cylindres type 45.

Type 45. 16 cylindres version «Course».

type 45/47

16 cylinders

The evolution of Bugatti models in approximate chronological order is marked by outstanding successes interspersed with partial or complete failure, stupidities even.

The building of two 16 cylinder racing cars can certainly not be considered in the successful category.

Racing always demands more power and one way of achieving it is to add more cylinders (of known design); another is to develop an enlarged cylinder mechanism. Bugatti at this point evidently chose the former method – the other was to come later.

The result was a reversion to the layout he had successfully achieved in the 16 cylinder wartime aero engine, with two blocks of eight cylinders coupled together by gearing at the rear, a central idler in the middle taking the drive to the gearbox. The racing Type 45 had an engine 60 × 84 mm (3.8 litres) and a Grand Sport version (T 47) intended to be fitted with a regulation Le Mans body had a shorter stroke (66 mm) to bring it down to 3 litres. Each crankshaft had 9 roller bearings, with plain connecting rod bearings, there were 48 valves in all, and two superchargers; 250 HP was claimed. The gearbox and frame were new but the suspension followed classic Bugatti lines. The rear axle was more or less standard.

The racing version appeared briefly at hill climbs in 1930 driven by Chiron but the gearing between the cranks gave trouble which Bugatti never solved, and the cars lay dormant at Molsheim. Two of the cars are now in the Schlumpf collection and a third is complete in the U.S.A. Much of a fourth chassis and engine also exist.

Today we are interested in these cars as technical curiosities; it must have been unwise of Bugatti to invest time and money in 1929 in such excesses, a lesson the son Jean seems to have learned more quickly than the father.

16 cylindres

L'évolution des modèles Bugatti, par ordre chronologique, est marquée de brillants succès séparés par des échecs partiels ou complets, parfois même par des absurdités.

La construction de deux voitures de course 16 cylindres ne peut certainement pas être portée au crédit des succès.

La course demande toujours plus de puissance. Le premier moyen pour l'obtenir est l'augmentation du nombre de cylindres (sur un moteur connu), le second est l'augmentation de la cylindrée.

Bugatti choisit la première méthode, la seconde sera utilisée plus tard.

Le résultat fut un retour en arrière, utilisant le système appliqué avec succès pendant la guerre pour le moteur d'avion 16 cylindres, il accoupla deux blocs 8 cylindres par l'arrière, un relais central transmettant la puissance à la boîte de vitesses.

La version course, Type 45, avait un moteur 60 mm × 84 mm donnant une cylindrée de 3,800 litres et la version Grand Sport, Type 47, conçue pour Le Mans avait une course plus courte (66 mm), ramenant la cylindrée à 3 litres. Chaque vilebrequin avait neuf paliers à rouleaux avec des paliers de bielles lisses, 48 soupapes, deux compresseurs... on parlait de 250 CV! Boîte de vitesses et châssis étaient nouveaux mais la suspension suivait les lignes classiques Bugatti avec un essieu arrière plus ou moins standard.

La version course fit une brève apparition dans des courses de côte en 1930 conduite par Chiron, mais la jonction entre les deux vilebrequins causa des problèmes que Bugatti ne put résoudre et les voitures restèrent à l'écurie à Molsheim.

Deux de ces voitures sont aujourd'hui dans la collection Schlumpf, une troisième aux États-Unis.

On a retrouvé également un moteur et un châssis presque complet.

Nous sommes intéressés aujourd'hui par la curiosité technique de telles voitures mais il n'était vraiment pas raisonnable pour Bugatti de perdre son temps et son argent dans de telles extravagances.

Cette leçon, Jean semblait l'avoir apprise beaucoup plus vite que son père.

Type 47. 16 cylindres version «Grand Sport».

type 46

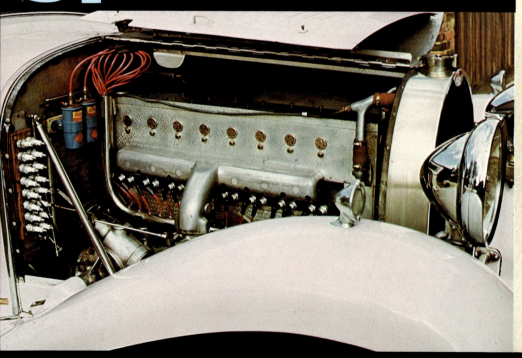

Type 46. Motor's view right side.
Type 46. Vue du moteur côté droit. Photo Jean-Paul Caron.

CHASSIS 30 CV. TYPE 46

CARACTÉRISTIQUES

MOTEUR à 8 cylindres en ligne monobloc.
ALÉSAGE : 81 mm. COURSE : 130 mm.
CYLINDRÉE : 5,350 cc.
VILEBREQUIN à 9 paliers, supporté par le bloc cylindre.
ARBRE A CAMES en tête.
3 SOUPAPES PAR CYLINDRE (2 admissions - 1 échappement).
ALLUMAGE par batterie et distributeur double.
EMBRAYAGE à disques multiples fonctionnant à sec.
BOITE DE VITESSES placée dans le carter central du pont AR.
ESSIEU AV à section ronde en acier à haute résistance.
DIRECTION à droite, inclinée à 745 mm. du tablier.
PNEUMATIQUES de 32 × 6.
FREINS sur les 4 roues, avec leviers à servo-régulateur.
SUSPENSION : Ressorts ½ elliptiques à l'AV - ¼ elliptiques (brevet Bugatti) à l'AR.
ÉCLAIRAGE ET DÉMARRAGE électriques à éléments séparés.
EMPATTEMENT : 3,50 m.
ENTRÉE DE CARROSSERIE : 1,95 m.
EMPLACEMENT DE CARROSSERIE : 2,60 m.
VOIES AV et AR : 1,40 m.
POIDS DU CHASSIS NU : Environ 1150 kg.

PLAN DU CHASSIS EN ÉLÉVATION

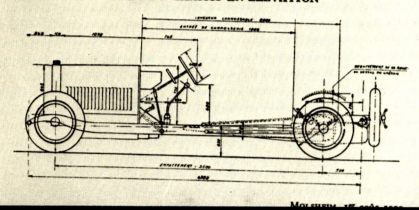

Type 46. Technical data published by Bugatti in August 1929.
Caractéristiques du type 46 publiées par Bugatti en août 1929.

type 46

The Little Royale

We do not know what went on in Bugatti's mind in 1929, although he must have realised that his chances of selling the Royale at a time of world economic recession were minimal — even when it was a Bugatti! So he produced a more modest but still large 5.3 litre luxury chassis to which the world's finest coachwork could be fitted; in contrast to the 3 Royales eventually some 400 of the new Type 46 were sold, although some over production at the end explain the discovery after the war of three or four "brand new" chassis.

Type 46. Coupé. British coachbuilding by Maythorn M.C. Woolley Collection (South Africa).
Type 46. Coupé. Carrosserie anglaise Maythorn.

type 46

Type 46. Berline. Carrosserie Arthur Mulliner. (G.-B.).

The Type 46 was and is one of the best large Bugatti models. It handled as well as the smaller models and had plenty of power and superb flexibility in top gear. The engine was reliable, which was just as well, as an overhaul to grind in a valve required the engine to be removed and then the crankshaft:

Like the Royale, the cylinder block had the 8 cylinders, 81 mm bore, cast in one piece, and the block had the main bearing journals cast integrally to carry the one-piece crankshaft, 130 mm stroke. The crankcase proper was merely a casing to close off the engine and hold the oil, the attachment arms to fix the chassis being bolted direct to the block. There were two oil pumps, the lubrication system being dry-sump. Each cylinder had the usual 3 valves, 2 inlet, 1 exhaust, operated by a camshaft on the top of the engine. Later versions had a supercharger added (Type 46S.) The clutch was of Bugatti multiplate but now Ferodo lined running dry and the 3 speed gearbox were in the rear axle. Springs were to the usual Bugatti layout and the brakes were cable operated, of very large diameter, and with automatic adjustment.

The car formed the basis of the later Type 50, which is identical to the Type 46 except for the top of the engine.

Type 46. Limousine. Collection Allan Söderström (Suède).

type 46

A type 46 "Fiacre" coupé with the superb "Royale" wheels, fur trunk: a beauty.
Un coupé «Fiacre» type 46. Des roues «Royale», une malle en fourrure, la superbe élégance.

La petite Royale

Nous ne connaissons pas les pensées de Bugatti en 1929, mais certainement il réalisait que ses chances de vendre la «Royale» en période de dépression économique mondiale étaient très réduites, même si c'était une Bugatti!

Il décida donc de construire un châssis plus petit équipé tout de même d'un moteur de 5,300 litres, sur lequel il serait possible d'adapter les carrosseries les plus luxueuses.

Ainsi, à l'inverse des 3 seules «Royales» qu'il avait réussies à vendre, plus de 400 Types 46 furent construites avec pourtant une légère surproduction en fin de carrière puisqu'on découvrit encore 3 ou 4 châssis neufs après la guerre.

La Type 46 fut l'une des meilleures «grosses» Bugatti, aussi maniable que les petits modèles, puissante et souple en prise. Une mécanique sûre (heureusement) car rectifier une soupape nécessitait la dépose du moteur et du vilebrequin.

Comme sur la Royale, le moteur était un 8 cylindres de 88 mm d'alésage, fondu d'une pièce, avec des coussinets de paliers de vilebrequin pour supporter le vilebrequin forgé d'une pièce. La course était de 130 mm.

Le carter était simplement un coffre fermant le moteur et retenant l'huile, les pattes de fixation du moteur étant boulonnées directement au châssis.

Il y avait deux pompes à huile et un système de graissage à carter sec.

Chaque cylindre avait les 3 soupapes habituelles, deux d'admission, une d'échappement entraînées par un arbre à cames en tête.

Les derniers modèles furent équipés d'un compresseur (Type 46 S).

L'embrayage était un multi-disques à sec du Type Bugatti équipé maintenant de Ferodo, la boîte de vitesses se trouvant, elle, sur l'essieu arrière.

Les ressorts étaient du Type Bugatti habituel et les freins largement dimensionnés, commandés par câbles, étaient équipés d'un système de réglage automatique.

La 46 servit de base au futur Type 50 dont le moteur se verra sensiblement modernisé.

Type 46. Streamlined Coupé Jean Bugatti's drawing.
Type 46. Coupé profilé. Dessin Jean Bugatti.

type 49

The last "single-cam" Touring Car

Bugatti improved the already excellent Type 44 in good time for the Automobile Salon in 1930; the changes were indeed minor but helped to modernise the chassis.

Bugatti was able to obtain chassis frame longerons in small numbers and produced with minimum tooling and some hand work, and thus the wheelbase of a new design could be as he wished. He chose to offer two lengths for the new model. The cylinder bore was enlarged to 72 mm to give the engine a 3.3 litre capacity. A fan was added to help city work - traffic was growing in Paris! Each cylinder now had twin plugs, fed from a special Scintilla distributor with 16 cable sockets - Bugatti seems now to have abandoned Bosch and Marchal as the whole electric systems went to Scintilla in Switzerland. The twin plug ignition seems to do little for engine power but was no doubt a useful sales feature.

All Type 49 engines had the later type full pressure crankshaft with the firing order giving better engine balance; the engine was very smooth apart from a characteristic torsional vibration at about 2500 r.p.m. which the vibration damper on the front of the engine could not wholly eliminate.

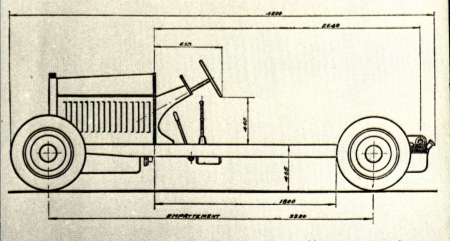

1932 Bugatti catalogue presenting the type 49.

type 49

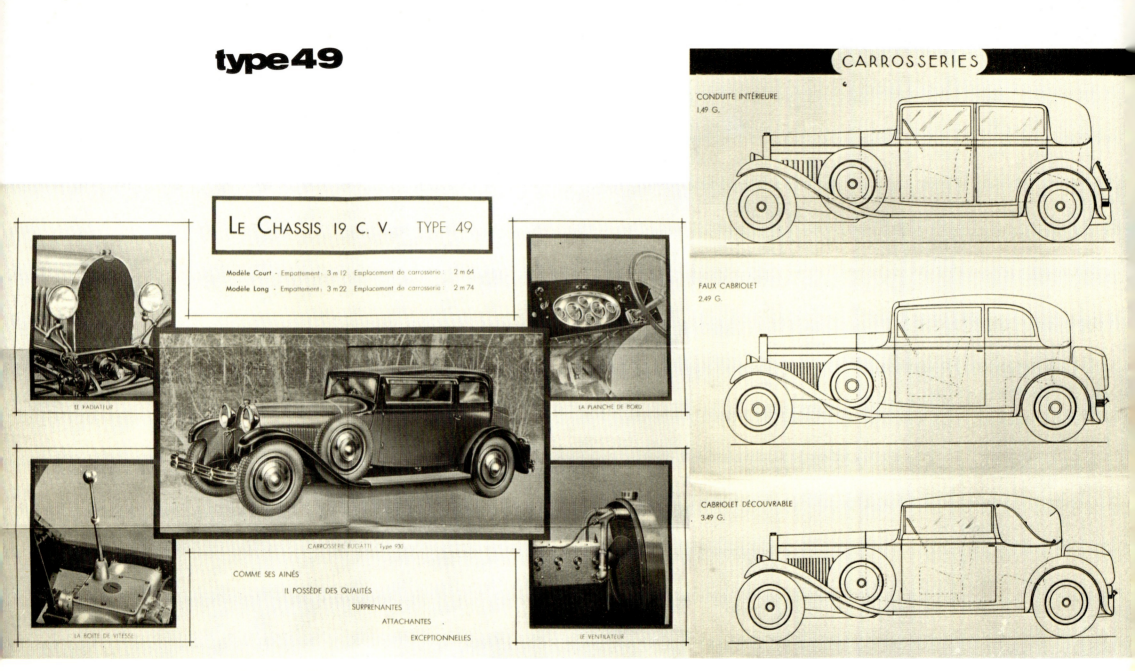

Catalogue Bugatti 1932 présentant le type 49.

Type 49. Coupé. Carrosserie Bugatti. Collection H. Strohhammer (R.F.A.).

type 49

The wet clutch was abandoned in favour of a dry Ferodo conversion, still multi-plate, and at last the owner could avoid the nuisance of having to fill the earlier wet clutch with oil and kerosene at regular intervals. The gearbox now had a ball change on the earlier box itself this reversing the position of the gears: 1 and 3 to the right instead of the left, and Reverse on the extreme right instead of the extreme left (but remember that there was no such thing as a left hand drive Bugatti!). And the gearbox had a drive for a speedometer so that the dash could carry a normal complement of instruments.

The remainder of the chassis retained the excellent features of the Type 44, although the rear axle pinion and gear were helical for silence, and 18 inch cast aluminium wheels could be fitted as an extra - and often were.

From many points of view the Type 49 was and is the best touring Bugatti, especially when fitted with a light body. The later 3.3 litre replacement, the T57 is heavier in all respects but was able to carry larger coachwork.

La dernière « simple arbre » de tourisme

L'excellente Type 44 fut améliorée à temps pour le Salon de l'Automobile de 1930. Les changements, bien que mineurs, apportèrent une note moderne au modèle. Bugatti pouvait obtenir des longerons de châssis en petit nombre et fabriqués avec un minimum d'outillage et de main-d'œuvre.

Il pouvait donc jouer avec les empattements comme il le désirait et choisit d'offrir deux longueurs de châssis pour le nouveau modèle.

L'alésage fut porté à 72 mm donnant un moteur de 3,300 litres de cylindrée. L'adoption d'un ventilateur permit d'éviter de chauffer en ville, la circulation, en particulier à Paris, devenant chaque jour plus intense. Chaque cylindre fut équipé de doubles bougies allumées par un distributeur spécial Scintilla à 16 cosses. Bugatti semblait avoir abandonné Bosch et Marchal au profit de la firme suisse Scintilla pour tout l'équipement électrique. L'allumage par double bougie semble ne

1932 Catalogue published by the Gangloff coach building Company of Colmar showing the different bodies for the type 49.
Catalogue édité en 1932 par la carrosserie Gangloff de Colmar présentant les différents modèles pouvant équiper le châssis 49.

type 49

pas avoir apporté une grande amélioration au moteur mais par contre fut un excellent argument publicitaire pour le service des ventes.

Tous les moteurs 49 avait le dernier type de vilebrequin avec un ordre d'allumage des bougies assurant un meilleur équilibre.

Le moteur était très doux à part la vibration caractéristique due à un effet de torsion apparaissant vers 2500 tours/minute, qui n'était pas complètement éliminée par l'adaptation d'un amortisseur situé à l'avant du moteur.

L'embrayage humide fut abandonné au profit du système sec Ferodo, multi-disques. Ainsi, le propriétaire n'avait plus l'inconvénient du remplissage d'huile et de kérosène à intervalles réguliers.

La boîte de vitesses avait un levier monté sur billes nécessitant l'inversion des vitesses : première et troisième vers la droite au lieu de la gauche et marche arrière à l'extrême droite au lieu de l'extrême gauche (mais souvenez-vous que toutes les Bugatti avaient la conduite à droite !).

La boîte de vitesses fut équipée d'une prise de câble pour compteur de vitesses permettant l'installation d'un tableau de bord plus complet.

Le reste du châssis conserva les excellentes caractéristiques du Type 44 avec cependant un pont arrière à couple hélicoïdal pour améliorer le silence.

En option étaient fournies les jolies roues de 18 en aluminium coulé, ce qui fut presque toujours le cas.

Sur beaucoup de plans la 49 fut et reste la meilleure Bugatti de tourisme, surtout équipée d'une carrosserie légère, la future 57 étant plus lourde mais par contre capable de supporter de plus grandes carrosseries.

Type 49. Coupé. Photo Jean-Paul Caron.
Type 49. Cabriolet. Collection Etienne Walter (France).

Type 49. Torpédo 4 portes.

type 50

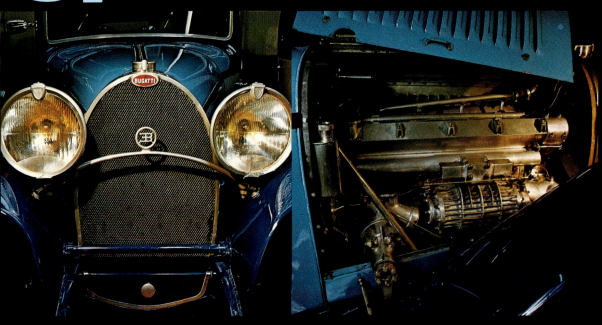

Type 50. Motor's view right side showing the supercharger.
Type 50. Vue du moteur, côté droit, montrant le compresseur.

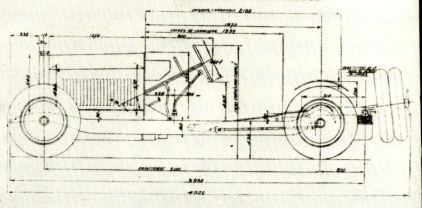

Chassis Sport 4,900 litres, type
a compresseur

CARACTÉRISTIQUES

MOTEUR à 8 cylindres en ligne monobloc.
ALÉSAGE : 86 mm. COURSE : 107 mm.
CYLINDRÉE : 4 L. 900.
VILEBREQUIN supporté par le bloc cylindres.
2 ARBRES A CAMES en tête. 2 SOUPAPES par cylindre.
2 CARBURATEURS.
ALLUMAGE par batterie, bobine et distributeur.
COMPRESSEUR commandé directement par le moteur.
EMBRAYAGE à disques multiples fonctionnant à sec.
BOITE DE VITESSES dans le carter central du pont AR.
ESSIEU AV. tubulaire breveté en acier à haute résistance.
DIRECTION à droite.
ROUES aluminium à ailettes brevetées. (Six roues)
PNEUMATIQUES de 32×6,50.
FREINS sur les 4 roues avec levier à servo-régulateur.
SUSPENSION : ressorts ½ elliptiques à l'AV., ¼ elliptique à l'AR.(brevet Bugatti
ÉCLAIRAGE et démarrage électrique par éléments séparés, avec phares.
EMPATTEMENT : 3,10 m.
EMPLACEMENT DE CARROSSERIE : 2,20 m.
VOIES AV. et AR. : 1,40 m.
Poids du CHASSIS NU A VIDE : 1150 kg. environ.

PLAN DU CHASSIS EN ÉLÉVATION

MOLSHEIM, 1er OCTOBRE 1930.

Type 50 technical data published by Bugatti in 1930.
Caractéristiques du type 50 publiées par Bugatti en octobre 1930.

type 50

Luxury and Twin Camshafts

A type 50 Coupé on the Paris motor show Bugatti stand in october 1931.
Un coach type 50 au Salon de l'Automobile de Paris en octobre 1931.

Ettore's son Jean came of age in 1930 and was showing his Father's talents, perhaps without his rigidity of thinking. It was certainly he who persuaded Ettore to allow the very competent if anonymous engineers in the Molsheim design office to produce a twin overhead camshaft conversion of the Type 46 engine. The story has been told elsewhere how Bugatti acquired a pair of American Miller racing cars which had raced at Monza in 1929 from the driver Leon Duray in exchange for three Type 43 sports cars; he, or probably Jean, had the very fine engines fitted to these cars dismantled and copied the valve operating mechanism to produce the Type 50 engine. There were now only two valves per cylinder, inclined at 90°, and operated through sliding cups between camshafts and valves; this was a much more efficient layout, allowing better "breathing" of the cylinders and thus more power - a reputed 200 HP.

Type 50. Cabriolet. Carrosserie Bugatti.

type 50

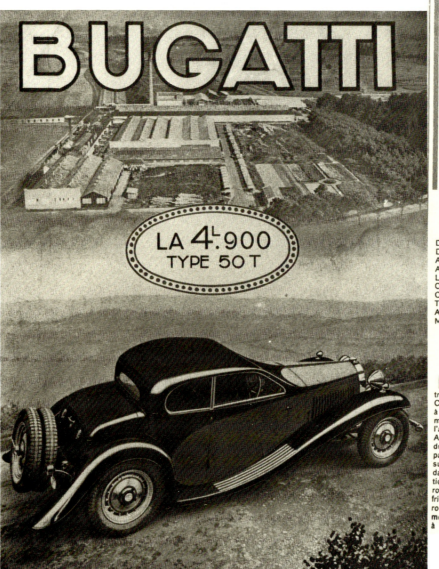

BUGATTI

LA 4L.900 TYPE 50 T

LE CHASSIS

MOTEUR ET COMPRESSEUR — 8 cylindres en ligne monobloc. Alésage : 86 m/m ; Course : 107 m/m.

Deux arbres à cames en tête ; Compresseur toujours en prise.
Deux carburateurs automatiques.
Alimentation d'essence par pompe électrique.
Allumage par batterie, avec distributeur et bobine.
Les châssis sont livrés avec les appareils de contrôle suivants :
Compte-tours.
Compteur kilométrique.
Thermomètre d'eau.
Ampèremètre.
Manomètre d'huile.

L'ESSIEU avant creux (brevet Bugatti) est traversé par les ressorts. Ceux-ci se terminent à l'avant par des jumelles, et s'articulent à l'arrière sur un axe fixe. A droite le support arrière du ressort est constitué par un dispositif spécial, supprimant toute réaction dans les organes de direction sur les plus mauvaises routes. Les amortisseurs à friction sont commandés du tableau de bord pour l'avant comme pour l'arrière. Les roues d'aluminium coulé avec ailettes de refroidissement sont montées sur un moyeu cannelé et bloquées par un écrou unique. Le démontage de la roue met à portée de la main, les segments de frein, leur garniture et la clé de command

Catalogue Bugatti 1932.

LES CARROSSERIES

CONDUITE INTÉRIEURE
1053

Cette carrosserie de forme très nouvelle, est le fruit d'expériences prolongées. Elle assure par son profilage outre une pénétration remarquable d'où découle vitesse plus élevée et moindre consommation pour une même puissance, un confort absolu et une visibilité optimum. Prévue pour 4 places, la caisse groupe ses passagers au milieu du châssis, ce qui assure à la voiture un centrage parfait, et l'équilibre des formes se conjugue avec l'équilibre des charges pour une maniabilité hors de pair. (Garniture cuir fin, verres de sécurité, pare-brise, vaste malle arrière complètent l'équipement de cette carrosserie.)

LANDAULET 1038

Extrêmement basse, cette carrosserie présente une ligne élégante et racée. Deux très larges portières aux lignes symétriques, permettent d'accéder à l'intérieur, où deux vastes sièges avant indépendants, peuvent être à volonté complétés à l'arrière, par deux coussins d'angle, ou un siège confortable disposé transversalement. Le capotage arrière s'ouvre sans nuire à la rigidité de la caisse donne une aération parfaite avec le plus grand champ de visibilité. La malle arrière offre une capacité importante, appréciable pour les grandes

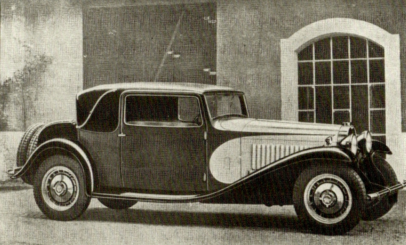

LANDAULET 1042

Vaste et confortable, d'accès facile grâce à 2 larges portières, cette carrosserie, comporte à l'avant, 2 sièges indépendants, et à l'arrière une banquette permettant de recevoir 3 passagers. Entièrement garnie de cuir de 1er choix, et le pavillon doublé de drap fin, cette caisse, grâce à la rotonde décapotable, donne principalement aux places arrière, une aération parfaite en même temps qu'une visibilité très étendue. Une malle arrière d'amples dimensions, des pare-choc avant et arrière, des feux de position sur les ailes avant, et deux avertisseurs couplés au bas du radiateur complètent cette carrosserie de grand style.

VUE DE DÉTAIL DE LA CAPOTE

Cette capote, limitée à la rotonde arrière présente l'avantage considérable de ne diminuer en rien la rigidité de la caisse, ce qui est une garantie de silence ; de plus chaque articulation est munie d'une bague de caoutchouc ; enfin, l'étanchéité est obtenue grâce à la prévision sur tout le pourtour de la capote d'une bande de caoutchouc souple sur laquelle appuie un tube de caoutchouc épais.
Il faut noter l'important dégagement de la vue aux places arrière lorsque la capote est rabattue.

The rest of the engine was basically Type 46, in the supercharged 46S version, but the bore and stroke were altered from 81 × 130 mm to 86 × 107 mm to give 5 litres; the chassis too was wholly Type 46 except that the wheelbase was reduced, since the car was intended as a super-sports model and perhaps for long distance racing. The performance of the standard model was in fact extraordinary, a top speed of 180 k.p.h. being claimed. It has been said that this was probably the most dangerous car Bugatti ever sold to the public; certainly it was derated as the Type 50T (T - Tourisme) for the final 20 or 30 production chassis sold.

Three cars fitted with regulation touring bodies competed in the 1931 Le Mans 24-Hour Race but were withdrawn after one car crashed, killing a spectator.

Only about 60 of this model were produced but it remains a landmark in the development of the Bugatti because it marks the point where the father allows the son, no doubt proudly, to have his say. No one else but the son could have done it.

type 50

Bugatti documents: 2 types 50 at Molsheim.
Documents Bugatti : 2 type 50 photographiées à Molsheim.

Type 50. Coupé. Jean Bugatti's drawing.
Type 50. Coupé. Dessin de Jean Bugatti. Collection du Musée Harrah à Reno (U.S.A.).
Photo Jean-Paul Caron.

type 50

Luxe et « double arbre ».

Jean, le fils d'Ettore atteignit sa majorité en 1930, montrant les mêmes talents que son père avec peut-être plus de souplesse d'esprit.

C'est certainement lui qui persuada Ettore de permettre aux ingénieurs très compétents, bien qu'anonymes, du bureau d'étude de Molsheim de produire une version du moteur «46» avec un double arbre à cames en tête.

L'histoire raconte que Bugatti acquit deux voitures de course américaines Miller qui avaient couru à Monza en 1929 en en proposant l'échange au coureur Léon Duray contre trois Type 43 de sport.

Ettore ou plus probablement Jean fit démonter les très jolis moteurs équipant ces voitures et copia le mécanisme de fonctionnement des soupapes pour créer le Type 50. Il n'y avait plus que deux soupapes par cylindre, inclinées à 90° fonctionnant grâce à des coupelles coulissant entre les arbres à cames et les soupapes. Cette conception se révéla efficace permettant une meilleure «respiration» aux cylindres, augmentant la puissance (200 CV). Le reste du moteur était pratiquement identique au Type 46, dans sa

Lord Cholmondley's curious "Fiacre" bodied type 50.
Une curieuse carrosserie «Fiacre» cannée sur un châssis 50 ayant appartenu à Lord Cholmondley.

Type 50. Dashboard view.
Type 50. Vue du tableau de bord.

version 46 S à compresseur, mais l'alésage et la course étaient modifiés (86 mm × 107 mm au lieu de 81 mm × 130 mm) donnant une cylindrée de 5 litres.

Le châssis était du Type 46 mais avec un empattement réduit, l'idée étant de créer un modèle super-sport ou peut-être une voiture de course pour les épreuves sur longues distances.

Les performances du modèle standard étaient tout à fait extraordinaires avec une vitesse de pointe de 180 kilomètres/heure.

On dit aussi qu'elle fut la Bugatti la plus dangereuse vendue au public.

Elle fut appelée 50 T (T pour tourisme) pour les 20 ou 30 derniers modèles, en diminuant la puissance. Trois voitures équipées de carrosseries réglementaires participèrent aux Vingt-Quatre Heures du Mans en 1931 mais furent retirées de la course lorsque l'une d'entre elles, lors d'un accident, tua un spectateur.

60 Type 50 seulement furent produites mais elles marquent une période charnière très importante dans le développement des Bugatti.

Ce fut en effet l'époque où pour la première fois le père (avec fierté sans doute) permit au fils de donner son avis.

Personne d'autre que le fils n'aurait pu le faire.

type 51

A 51 A (1931 - N° 4803 - 1,500 cm³ with supercharger)
Seen by his owner... in 1978!

... The real "formula 1", a "very special" car, asking careful maintenance... and money; many problems to race only few miles!

But fascinating... like a beautiful girl; I loved her, she is long and pretty.

The quickest 1,500 cm³ in Europe before the war. It is capable of 140 M.P.H., but I never drove like that. At 4,500 R.P.M. in 3rd, it seems never be stopped.

On the highway, it is possible to hear it, two miles before with a music like a "Count Basie" song!

Happily, I am a "fan" and we need to accept "Le Patron" as he is...

Vive la Marque!

(Albert Jean de Lay. Luxembourg)

Louis Chiron on a type 51 in 1932. We can see a dedication to his old friend, the well known French pilot Jules Goux.
Louis Chiron sur une 51 en 1932. On peut lire une dédicace à son ami, le grand pilote Jules Goux.

The Zenith of the Grand Prix Car

Now Jean was allowed once more to experiment and to have a new cylinder block designed for the standard 35B racing car, which was still in limited production, using a Miller-Type 50 cylinder head, with twin camshafts and only two valves per cylinder. The new block, bolted straight onto the standard 35B crankcase and crankshaft, was an immediate success and the power output of the engine went up by some 30 HP.
This resulted in a new racing model, the Type 51, perhaps the most outstanding and successful model Bugatti produced. It won its first race at Monaco in 1931 in the hands of Chiron and continued with much success for several years.

1977 Silverstone meeting, a type 51 at speed.
En pleine vitesse, une 51 à Silverstone en 1977. Photo D.P.P.I.

type 51

This new model was thus a useful and indeed necessary answer to the lead that Alfa Romeo had begun to achieve. It delayed for a year or two the end of Bugatti's attempts as an independent manufacturer to compete first with the Italians and then the Government sponsored might of Mercedes and Auto Union in Germany.

The initial model (Type 51) was comparable to the 35B (2.300 litres), but later a 2 litres, 60×88 mm Type 51C and a 1 1/2 litre (60×66 mm); a Type 51A Voiturette version also appeared.

The difference between the 51 and late 35B models are few and require an expert to notice. The visible differences are a lower position of the hole in the right hand bonnet (hood) corresponding to the supercharger relief valve, non-detachable rim, wellbase wheels, but still in cast aluminium, and twin filler caps to the tanks. A close inspection would note that the magneto was driven from the left-hand camshaft and was thus on the left of the dash, and that a Scintilla magneto with its own advance-and-retard mechanism, rather than a Bosch, was used.

The earlier cars could be converted at the factory and indeed a few of the very last 35's produced so were.

Many of the 40 or so Type 51S that were built are still in existence; happily several still appear in vintage races to gladden our hearts and satisfy our eye and ear!

4 types 51 at start of the Grand Prix de Belgique at Spa in 1931.
4 type 51 au départ du Grand Prix de Belgique à Spa en 1931.

1977 Brooklands meeting a type 51.
Une 51, en course à Brooklands en 1977. Photo Jean-Paul Caron.

type 51

Type 51. Details: motor (right side), front suspension, dashboard and instruments.
Détails du moteur, côté droit du train avant et du tableau de bord.

1977 Grand Prix de Montreux (Switzerland). The Charles Renaud's type 51 racing ahead of an E.R.A. and an Alfa Roméo.
Rétrospective du Grand Prix de Montreux de 1934 (Montreux, Suisse, 1977). La 51 de Charles Renaud tient tête à une E.R.A. et une Alfa Roméo. Photo D.P.P.I.

type 51

UNE 51 A (1931 N° 4803 - 1.500 cm³ - 8 cyl à compresseur) vue par son propriétaire en ... 1978 !

... — Une ancienne formule 1, une voiture «très spéciale» qui demande beaucoup d'entretien et occasionne des frais élevés ; beaucoup d'em... pour pouvoir la piloter sur peu de kilomètres !

Mais fascinante... comme une très jolie femme ; je l'aime beaucoup, elle est longue et fine. La 1.500 cm³ la plus rapide d'Europe avant 1939. Il paraît qu'elle plafonne à 235 km/heure mais je n'ai jamais roulé si vite avec elle car à 4.500 tours en 3ᵉ elle paraît ne plus vouloir s'arrêter. Sur l'autoroute on l'entend sur 3 kilomètres de distance avec un bruit à la «Count Basie».

Heureusement... je suis mordu et il faut accepter LE PATRON tel qu'il est...

Vive la Marque !

(Albert Jean de Lay. Luxembourg)

Adrian Conan Doyle, Arthur's son at the wheel of a 1 500 cm³ type 51 A.
Adrian Conan Doyle, fils du célèbre Arthur, père de Sherlock Holmes, au volant d'une 51 A, 1 500 cm³.

Le Zénith de la voiture de Grand Prix.

Jean reçut de nouveau la permission de faire des expériences et fit dessiner un nouveau bloc cylindres pour la voiture de course 35 B qui était encore en production limitée, utilisant une culasse type «Miller-50» avec double arbre à cames en tête et deux soupapes par cylindre.

Le nouveau bloc boulonné directement sur le carter et le vilebrequin de la 35 B fut un succès immédiat, augmentant la puissance du précédent moteur de quelques 30 CV. Le résultat fut un nouveau modèle de course, la «51», peut-être la plus intéressante et la mieux réussie de toutes les Bugatti.

Elle gagna sa première course à Monaco avec Chiron en 1931 et alla de succès en succès durant plusieurs années.

Ce nouveau modèle était la réponse nécessaire à Alfa-Roméo qui voulait de son côté assurer sa suprématie. Il permit à Bugatti de retarder d'un an ou deux l'échéance, comme constructeur indépendant, de continuer à courir pour la première place, d'abord avec les Italiens, puis avec les constructeurs allemands, Mercédès et Auto-Union financés par le gouvernement du IIIe Reich.

Le premier modèle (Type 51) avait une cylindrée identique à la 35 B (2,300 litres) puis plus tard apparut une deux litres de 60 mm d'alésage pour 88 mm de course (Type 51 C) ; enfin une version de 1 500 cm^3 de 60 mm d'alésage pour 66 mm de course (Type 51 A) porta la dénomination de «voiturette».

Les différences entre la 51 et les dernières versions de la 35 B sont minimes et requièrent l'œil exercé de l'expert.

Les plus visibles sont : sur le côté droit du capot, le trou du clapet de décharge du compresseur situé plus bas, des roues en aluminium coulé mais à jante non détachable et deux bouchons de remplissage d'essence pour les réservoirs.

En regardant de plus près on constate que la magnéto est entraînée par l'arbre à cames gauche et donc à gauche sur le tableau de bord et qu'il s'agit d'une Scintilla avec mécanisme d'avance-retard remplaçant la Bosch de la 35 B.

Les dernières 35 B furent d'ailleurs transformées en 51 à l'usine.

La plupart des 40 Type 51 construites, existent encore aujourd'hui et participent à de nombreuses courses de voitures anciennes pour le plus grand plaisir de l'œil... et de l'oreille !

type 52 BABY

The "Baby" Bugatti from the Briggs Cunningham collection. Costa Mesa, California (U.S.A.)
La «Baby» Bugatti aujourd'hui dans la collection de Briggs Cunningham à Costa Mesa, Californie (U.S.A.).

Baby Bugatti

If the fathers had their Grand Prix Bugattis, so must the sons with their half-scale electrically driven Type 52s! Originally built for the youngest son, Roland Bugatti, in 1927, as a proper half-scale model of the T35, it went into production with a slightly lengthened wheelbase a year or two later and a substantial number, probably at least 90, seem to have been built.

The car had a 12 volt accumulator to drive an electric motor geared to the rear axle, and controlled by a pedal-operated rheostat. The wheels were cast aluminium (of course!) with Dunlop pneumatic tyres specially produced. Maximum speed was about 16-18 k.p.h., and the car was advertised as being suitable for 6 to 8 years old. Many an adult found he could safely enough sit on the rear of the body and drive himself!

Even this baby car had novel design features. The brake shoes were made from a single ring of wood, one end fixed to the backplate, the other forced onto the brake drum by a cam; the steering gear was by a worm and wheel; a differential was avoided by driving only on one wheel!

A surprising number of these Baby cars still survive.

Type 52. "Baby" Bugatti. Photo Jean Novo.

type 52

La « Baby »

Pères et fils purent rouler en «Grand Prix», ces derniers grâce à la Type 52, échelle 1/2, mue par un moteur électrique. Réplique fidèle à l'échelle 1/2 du Type 35, réalisée à l'origine, en 1927, pour Roland le fils cadet d'Ettore, elle fut construite en série un an ou deux plus tard avec un empattement allongé.

Plus de 90 exemplaires furent produits.

La «Baby» était équipée d'un accumulateur de 12 volts alimentant un moteur électrique accouplé à l'essieu arrière et contrôlé par un rhéostat commandé par une pédale.

Les roues étaient naturellement en aluminium coulé et équipées de pneus Dunlop conçus spécialement.

La vitesse maximum était d'environ 16 à 18 km/h.

La publicité indiquait qu'elle pouvait être utilisée par des enfants de 6 à 8 ans, mais plus d'un adulte s'asseyant sur l'arrière de la carrosserie s'amusa à la conduire!

Même la «Baby» eut des éléments d'un dessin nouveau.

Les patins de freins étaient faits d'un simple cercle de bois, une extrémité fixée au plateau de frein et l'autre forçant sur le tambour par une came.

La direction était à vis sans fin. Le différentiel était inutile, la transmission ne se faisant que sur une roue!

Un grand nombre de «Baby» existe encore aujourd'hui.

Peter Hampton "driving" his "Baby" Bugatti on the front of "Black Bess".
Délaissant pour une fois la «5 litres»,
Peter Hampton semble beaucoup s'amuser au volant de sa «Baby»!

La "BABY BUGATTI" est d'une solidité à toute épreuve. Ce n'est pas un jouet, c'est une véritable petite voiture dont l'enfant aura grand soin. Sa conduite éveillera les réflexes, permettra de les corriger, et de les assurer. Comme toutes les BUGATTI elle est inusable.

Voici côte à côte la "BABY BUGATTI" et le torpédo Grand Sport 2 l. 300 à compresseur, type 43.

1927 "Baby" Bugatti catalogue. Jean at the wheel of a type 43 and Roland Bugatti in the "Baby".
Catalogue de la «Baby» Bugatti de 1927. On reconnaît sur la photo Jean dans une 43 et Roland Bugatti dans la «Baby».

SPÉCIFICATIONS — DESCRIPTION

LONGUEUR TOTALE..... 1 m. 85
LARGEUR .... 0 m. 68
HAUTEUR .... 0 m. 57
POIDS .... 70 Kg.

LES ACCUMULATEURS sont de
12 volts,
capacité : 60 ampères-heures.

Pneumatiques à talons
"JUNIOR"

Freins sur les 4 roues.
Roues aluminium amovibles.
1 Roue de rechange garnie.

DÉTAILS DE LA VOITURE

ESSIEU AVANT - La fig. (1) représente l'essieu avant complet qui est un ensemble mécanique composé des pièces essentielles qui sont employées dans une voiture automobile. Toutes ces pièces sont faites avec les meilleures matières et sont usinées avec précision.
Dans les trous rectangulaires (1) sont logés les ressorts avant. (10) représente le corps d'essieu qui supporte à chaque extrémité les axes de pivotement des fusées (6) ; ces axes de pivotement sont clavetés en (a) au corps d'essieu et sont graissés par les graisseurs à l'huile par gravité (11). Sur la fusée de droite (6) se trouvent fixés le levier de commande de direction (3) et le levier de connexion (7). La fusée de gauche reçoit le levier de connexion (7) accouplé à celui de droite par la barre de connexion (9). Les segments de freins (4) sont les mêmes aux roues arrière figurés à la fig. (2). **LE CHASSIS** est en tôle emboutie formée de 2 longerons assemblés par des traverses. L'essieu avant est attaché au châssis par les ressorts. **LE PONT ARRIÈRE** fig. 2 est fixé directement au châssis par des boulons qui traversent les bossages (14). Il est composé essentiellement de 2 tubes de pont (12) et (13) droit et gauche assemblés par des boulons (17).
Ces 2 parties ainsi assemblées constituent le carter qui renferme la couronne dentée. Cette couronne est fixée sur un arbre (18) qui la traverse de part en part et aux extrémités duquel viennent se fixer les roues au moyen des écrous (5). Ceux-ci se dévissent en tournant vers l'avant de la voiture.
La roue de droite clavetée sur l'arbre, est seule motrice. Le graissage de l'arbre est assuré avec de la Valvoline légère au moyen des graisseurs à pression (15). Injecter de l'huile pour le graissage du pignon et de la couronne par l'espace annulaire (20) avec une seringue.

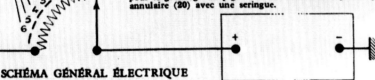

SCHÉMA GÉNÉRAL ÉLECTRIQUE

LES ROUES sont d'une pièce avec le tambour de frein ; elles sont toutes semblables et peuvent indifféremment être placées à l'avant ou à l'arrière. LE MOTEUR ÉLECTRIQUE est fixé sur un berceau prévu venu

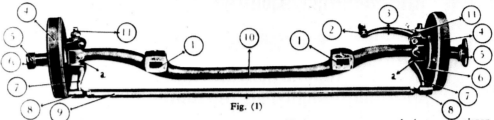

Fig. (1)

d'une seule pièce avec le tube de pont ; à l'extrémité de l'axe (19) du moteur se trouve placé un petit pignon qui engrène avec la couronne dentée. Une cale excentrée (21) permet le réglage correct de l'engrènement du pignon et une ceinture en acier (16) assure la fixation du moteur sur le pont.

DIRECTION.
La direction est assurée par la manœuvre du volant 27 (fig. 4) lequel commande la vis (25) fig. 3 qui actionne un écrou (28) relié au levier de commande de direction (24), ce dernier par l'intermédiaire de la barre de commande (29) est relié au levier (3) (fig. 1). Le graissage est assuré par un graisseur à pression (26) avec de la Valvoline légère. Sur la vis mettre également de la Valvoline.

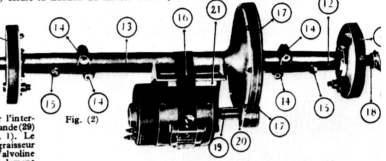

Fig. (2)

CONDUITE DE LA VOITURE

Fil reliant la borne (3) de l'inverseur à la borne (3) du moteur.
Fil reliant la borne (5) de l'inverseur à la borne (2) du moteur.
Fil reliant la borne (8) de l'inverseur à la borne (1) du moteur.

La manœuvre de conduite est d'une extrême simplicité. Pour marcher en avant il suffit 1° de mettre sur le N° 1 le bec de la manette de commande (32) ensuite avec le pied appuyer sur la pédale (31). Cette pédale permet de passer successivement sur les 6 touches du rhéostat de résistance. Plus on appuie sur la pédale plus la résistance diminue et plus la vitesse augmente ; elle devient maximum quand la pédale est à fond. Pour marcher en arrière, arrêter la voiture et sans appuyer sur la pédale mettre le bec de la manette (32) sur le N° 2. 3° pousser sur la pédale comme pour la marche en avant. Pour s'arrêter il suffit de relever le pied à fond et mettre la manette à 0. Le levier de frein agit à la fois sur les 4 roues.

Fig. (3)   Fig. (4)

type 53

A Four-wheel-drive Diversion

The idea of using four wheel drive for a racing car had already occurred before the first world war to Christie in the U.S.A. and Spyker in Holland. It was perhaps inevitable that Bugatti would try it sometime, although it is certain that Jean Bugatti had a hand in the decision to produce the Type 53 in 1930. Bugatti was offered a design of an Italian engineer from Milan for such a car, and Ettore was persuaded to try it. In retrospect, after the results with the 16 cylinder racing car, it seems most unwise.

A Type 50 engine was installed in a new chassis with a gearbox across the frame to allow a fore-and-aft drive to front and rear axles. There was a differential between front and rear drive shafts and further differentials in the rear axle and at the front, making three in all. Rear suspension was by the usual Bugatti reversed quarter-elliptic springs, but at the front there were two parallel transverse springs (to give independent suspension for the first and only time to a Bugatti). Front wheels were driven by unequal length universally jointed shafts. Evidently the car gave a remarkable straight line performance when tested, but suffered when cornering. The lack of constant-velocity universal joints would explain much of the cornering problem at anything other than small steering angles, and judging by more recent experience limited-slip differentials would be essential for use in anything but the driest road surface.

Chiron and Varzi managed some success with the two cars which were built in hill climbs in 1932 until Jean Bugatti managed to crash one at Shelsley Walsh in 1932. Dreyfus had some success with the remaining car in 1934, a car which survives today in the Schlumpf Museum. The remains of the other or a spare went to the U.S.A. after the war.

The Type 53 is inevitably interesting, but it did little to enhance Bugatti's reputation.

Voiture à 4 roues motrices.

L'idée d'utiliser une voiture à 4 roues motrices comme voiture de course vint, avant la première guerre mondiale, à Christie aux USA et à Spyker en Hollande. Inévitablement Bugatti eut envie de l'essayer, mais il est certain que Jean prit une grande part dans la décision de produire le Type 53 en 1930. Un ingénieur italien de Milan présenta une étude pour ce type de voiture et Ettore fut persuadé qu'il devait essayer. Avec le recul, en regard des résultats obtenus par cette voiture de course 16 cylindres, il semble que le projet n'était pas à conseiller.

Un moteur du Type 50 fut installé sur un nouveau châssis avec une boîte de vitesses placée en travers pour permettre la transmission aux essieux avant et arrière. Il y avait un différentiel, entre les arbres de transmission avant et arrière, un dans l'essieu arrière et un à l'avant, donc trois en tout. La suspension arrière était du type Bugatti habituel par ressorts 1/4 elliptiques inversés, mais à l'avant il y avait deux ressorts transversaux parallèles assurant une suspension indépendante pour la première et dernière fois sur une Bugatti. Les roues avant étaient entraînées par des arbres à cardans de longueurs inégales.

Aux essais, la voiture fut reconnue pour avoir de remarquables performances en ligne droite mais de grandes difficultés pour virer. Le manque de vitesse constante des joints de cardans pourrait expliquer ce problème ainsi que le grand rayon de braquage si des expériences récentes ne nous avaient appris que des différentiels à glissement limité sont indispensables si les routes ne sont pas absolument sèches. Chiron et Varzi obtinrent quelques succès avec les deux voitures qui furent construites, dans des courses de côte en 1932, jusqu'à ce que Jean Bugatti en démolisse une à Shelsley Walsh en 1932. En 1934, Dreyfus remporta quelques succès en utilisant la dernière voiture, qui se trouve aujourd'hui dans la collection Schlumpf. Les restes de l'autre ou une voiture de rechange partirent aux USA après la guerre.

Le Type 53 est certainement intéressant, mais il ne fit rien pour accroître la renommée de Bugatti.

Type 53. Factory picture. 4 Wheel-Drive Bugatti.
Type 53. Document d'usine. 4 roues motrices.

type 54

The type 54, before the race at Brooklands, in 1933.
La type 54, à Brooklands en 1933.

type 55

Type 55. Coupé. Carrosserie Jean Bugatti. Collection ex-Michel Bouyer. Photo Michel Bouyer.

Type 55. Coupé. Collection Charles Renaud (Suisse).

type 54

The 4.9 litre Grand Prix Monster

In 1931 Bugatti found that the Italian opposition (Alfa Romeo and Maserati) were proposing to enter 12 or 16 cylinder cars in the Italian Grand Prix at Monza, and seems to have decided at the last minute to compete with something larger than the new and promising 2.3 litre Type 51. He used a frame which he had available from the unsuccessful 16 cylinder Type 47, and fitted to it the new Type 50, supercharged 4.9 litre engine to produce what was known as the Type 54.

The layout of the car was similar to the smaller G.P. car, but wheels, tyres and brakes were larger. The gears in the box had to be widened, this being achieved by using 3 not 4 speeds. Normal Bugatti springs were used, although the rear 1/4-elliptics were parallel as on touring models, not waisted in at the rear as on the T51 or T35 (this may have been a matter of expediency with the available frames).

This monster car proved to be very difficult to handle due to its weight and suspension. Its first appearance at Monza in 1931 gave Varzi a 3rd place after tyre trouble. Varzi won the 1933 race at Avus in the car, which appeared also at Brooklands. Perhaps its best result was to gain the World's Hour Record (at Avus) in 1933 at over 213 k.p.h. in the hands of Czaykowski who unhappily was killed in the car at Monza shortly afterwards.

The writing was on the wall for Ettore. Pure engine power was not enough. The stiff spring, flexible chassis frame, good steering, cable brake conception which had given him a unique period of success from 1924-1932 would not do for the speeds now being achieved. Design by eye and instinct, even with the flair of Ettore and son Jean, could not replace the need for engineering study and research.

Le Monstre de 4l, 900 Grand Prix

En 1931, Bugatti apprit que ses concurrents italiens (Alfa-Roméo et Maserati) avaient l'intention de faire participer au Grand Prix d'Italie à Monza, des voitures de 12 ou 16 cylindres. Il semble qu'il ait décidé à la dernière minute de participer à la course avec quelque chose de plus grand que la nouvelle et prometteuse, 2l,3 Type 51. Il utilisa un châssis qui lui restait de la 16 cylindres Type 47 et y adapta le nouveau moteur type 50, 4l, 900 à compresseur pour créer ce qu'on appelle le Type 54.

La conception de la voiture était semblable à celle de la voiture de Grand Prix plus petite, mais les roues, les pneus et les freins étaient plus grands. On monta des engrenages de boîte de vitesses plus gros ce qui nécessita la suppression de la quatrième. La suspension était assurée par les ressorts Bugatti habituels. Cependant les ressorts 1/4 elliptiques arrière étaient parallèles comme sur les modèles de tourisme, et non infléchis comme sur les modèles T 51 et T 35, (un expédient pour utiliser les châssis disponibles).

Cette monstrueuse voiture, à cause de son poids et de sa suspension s'avéra très difficile à conduire. A sa première apparition à Monza en 1931, Varzi arriva troisième malgré des problèmes de pneus. Il gagna également la course de l'Avus en 1933 avec cette voiture, qui fit la même année une apparition à Brooklands. Le meilleur résultat obtenu fut sant doute d'avoir remporté le record mondial de l'heure à l'Avus en 1933, à plus de 213 km/h avec Czaykowski, qui malheureusement se tua quelque temps plus tard à Monza sur la même voiture. La grande époque d'Ettore touchait à sa fin.

La puissance pure d'un moteur, des ressorts durs, un châssis flexible, une bonne direction, des freins à câbles sûrs, tout ce qui avait été à l'origine d'une suite ininterrompue de succès entre 1924 et 1932 n'était plus suffisant pour les vitesses maintenant obtenues.

La conception visuelle et intuitive qui avait toujours habité Ettore et son fils Jean, ne suffisait plus à pallier l'absence d'un bureau d'études et de recherches.

type 55

2.3 litre "Super Sport"

With characteristic skill and ingenuity Bugatti extracted himself from the unhappy mess of the 4.9 litre racing car by using its chassis to produce one of his best cars, probably the most beautiful sports car he or anyone else ever designed. The new Type 55 of 1932 used the Type 54 frame, the supercharged 2.3 litre engine from the Type 51, various axles, brakes and other chassis parts from the production touring cars of the period, and a body designed by Jean Bugatti with quite exceptional lines, doorless, with gracefully sweeping wings, and clever body mouldings to facilitate two tone paint - typically Bugatti's favourite black and yellow. For its day it had a remarkable performance, 175 k.p.h. top speed and acceleration to match. The twin camshaft engine design had much better combustion than the earlier Type 43 Grand Sport, which the model was intended to replace, and thus suffered less from plug trouble at low speed, and in traffic.

The driving position in the standard roadster was upright, the steering and road holding superb - long distance motoring across France was a pleasure. The flexible gear lever from the Type 49 and the cluster of American-style Jaeger instruments on the dash seemed appropriate to the age. It was inevitably expensive, with its full complement of roller bearings on the built-up racing crankshaft, which, like the Type 43 before it, needed to be re-rollered regularly, a factory operation costing a substantial sum, just as comparable work does today for a Ferrari or a Lamborghini.

Only about 40 of these beautiful cars were built, some with other than Molsheim bodywork and a few with coupés; today they are the jewels in any collection.

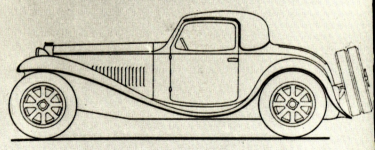

Technical data of the type 55 from the 1932 Bugatti general catalogue.
Caractéristiques du type 55 extraites du catalogue général Bugatti 1932.

Type 55. Roadster. Body by Jean Bugatti from the Briggs Cunningham Collection.
Type 55. Roadster. Carrosserie Jean Bugatti. Collection Briggs Cunningham, Costa Mesa, Californie, U.S.A.

type 55

Dessin F. YANO ©

Type 55. 2 seater convertible body by Figoni et Falaschi. Type 55. Cabriolet. Carrosserie Figoni et Falaschi. Collection M. St. Johns (G.-B.).

type 55

2 l, 300 Super Sport

A type 55 convertible at the 1932 Motor Show.
Un cabriolet type 55 au Salon de l'Automobile 1932.

Avec son habileté et son ingéniosité coutumières, Bugatti se sortit du mauvais pas dans lequel il s'était fourvoyé avec sa voiture de course de 4 l, 900, en utilisant le châssis pour créer l'un de ses meilleurs modèles, probablement la plus jolie voiture de sport jamais produite dans le monde. Le nouveau Type 55 de 1932 utilisait le châssis du type 54, le moteur 2 l, 300 à compresseur du Type 51, et les essieux, freins et autres parties mécaniques empruntés aux modèles de tourisme de l'époque. La carrosserie dessinée par Jean Bugatti avait des lignes tout à fait exceptionnelles : un roadster sans portes, aux ailes à la courbe élégante et des moulures facilitant une peinture en deux tons, par exemple noire et jaune, les deux couleurs favorites de Bugatti.

Pour l'époque, la voiture avait de remarquables performances, une vitesse de pointe de 175 km/heure et des accélérations correspondantes.

Un nouveau dessin du moteur double-arbre avait amélioré la combustion par rapport à celui du Type 43 qu'il devait remplacer, et de plus, il souffrait moins des problèmes de bougies à vitesse réduite et dans les embouteillages.

La position de conduite dans le roadster de série était très droite, la direction et la tenue de route superbes. Quel plaisir de partir pour de longs voyages sur les routes de France.

Le levier de vitesse flexible du Type 49 et les compteurs Jaeger, style américain, du tableau de bord, étaient bien dans le goût de l'époque. Naturellement ce fut un modèle très coûteux.

Avec son vilebrequin de course équipé de roulements à rouleaux, qui comme sur la 43, devaient être remplacés régulièrement à l'usine, il fallait compter sur une jolie facture comparable à celle attendue aujourd'hui chez Ferrari ou Lamborghini! Environ quarante de ces jolies voitures furent seulement produites, certaines avec d'autres carrosseries que le roadster d'usine, dont quelques coupés.

Elles sont aujourd'hui le joyau de toute collection.

Type 55. Roadster. Collection M. Corner (G.B.).

type 57

CHASSIS 3,300 LITRES TYPE 57

CARACTÉRISTIQUES

MOTEUR à 8 cylindres en ligne mono-bloc.
ALÉSAGE : 72 mm. COURSE : 100 mm.
CYLINDRÉE : 3257 cc.
VILEBREQUIN à 6 paliers.
2 ARBRES A CAMES en tête.
2 SOUPAPES PAR CYLINDRE (1 admission - 1 échappement).
ALLUMAGE par batterie et distributeur (1 bougie par cylindre).
ÉCLAIRAGE ET DÉMARRAGE électriques à éléments séparés, avec phares.
EMBRAYAGE à disque unique, fonctionnant à sec.
BOITE : 4 vitesses, comm⁰ centrale par levier à rotule (2⁰ et 3⁰ silencieuses)
ESSIEU AV. à section ronde en acier à haute résistance (brevet Bugatti)
DIRECTION à droite.
PNEUMATIQUES de 28×5.50.
FREINS sur les quatre roues.
SUSPENSION : Ressorts AV ½ elliptiques - AR ¼ elliptiques (brevet Bugatti)
RÉSERVOIR D'ESSENCE : — Capacité 100 litres.
EMPATTEMENT : 3,30 m.
ENTRÉE DE CARROSSERIE : 1,862 m.
EMPLACEMENT DE CARROSSERIE : 2,250 m.
VOIES AV et AR : 1,35 m.
POIDS DU CHASSIS NU, à vide : Environ 950 kgs.

VUE DU CHASSIS EN ÉLÉVATION

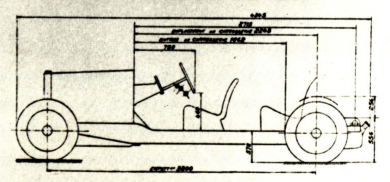

MOLSHEIM 1ᵉʳ septembre 1933.

1934 Bugatti catalogue, showing for the first time the type 57 with standard bodies: Galibier saloon, Ventoux 2-door saloon, both made in Molsheim and the Stelvio convertible built by Gangloff in Colmar. Technical data are from September 1933, just before Paris Motor Show.

On this first serie 1934 type 57 Galibier Saloon only the front doors had doorhandles. The car looked like a 2-door model.
Type 57. Berline Galibier 1934. Sur ce premier modèle de berline, seules les portes avant avaient des poignées extérieures laissant croire ainsi qu'il s'agissait d'un coach. Les portes arrière s'ouvraient à l'aide des poignées intérieures. Photo Jean Novo.

type 57

"The other sign of progress" type 57 "false" shell with thermostatically operated shutters.
Type 57. Coach Ventoux 1934.
Le faux «radiateur» avec ses volets thermostatiques.

The two-tone treatment lightened the sides of the body on the 2-door Coupé Ventoux type 57.
Type 57. Coach Ventoux 1935. Collection Jean-Michel Cérède (France). Sa découpe latérale en relief permettait le traitement en deux coloris de la carrosserie, allégeant ainsi la silhouette. Photo Jean Novo.

type 57

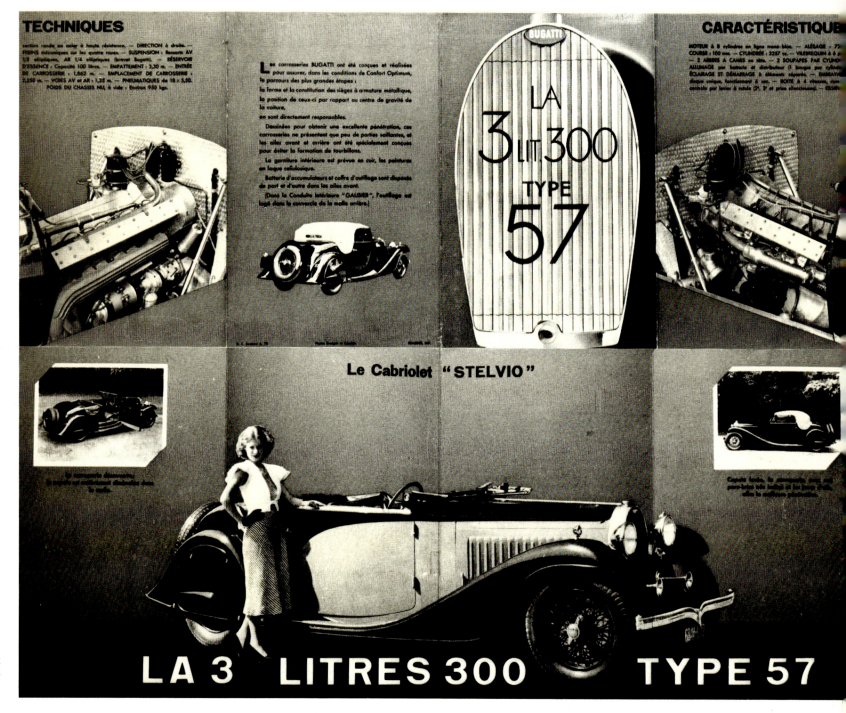

Catalogue Bugatti 1934, présentant pour la première fois le type 57 avec les trois carrosseries «de série», berline Galibier, coach Ventoux faits à Molsheim et cabriolet Stelvio construit par Gangloff à Colmar, ainsi que les caractéristiques techniques.

On the first 1935 Stelvio convertible type 57 bodied by Gangloff see the big boot with apparent spare wheel.
Type 57. Cabriolet Stelvio. Carrosserie Gangloff 1935. Sur cette première série, remarquez le coffre arrière proéminent et la roue de secours apparente. Photo Jean Novo.

type 57

3.3 litre Excellence

Probably the most successful, if not the most prolific model Bugatti produced was the Type 57, a 3.3 litre chassis virtually new throughout, replacing the Type 49 as the main touring model, in 1934. It appeared first at the Paris Automobile Salon in that year and remained in production until early 1940 when war once more dislocated the Bugatti factory. A total of about 680 57 and 57 C cars was made.

The engine was new in all respects and showed Jean Bugatti's influence. It had a cylinder bore of 72 mm and a stroke of 100, 3.3 litres, with a 6 bearing crankshaft and a gear train at the rear of the engine driving two overhead camshafts, operating two valves per cylinder inclined at an included angle of 92°. A single Stromberg carburettor was used, and the generator, oil and water pumps were driven on the left side of the engine from the gear train.

A new departure for Bugatti was a gearbox mounted on the rear of the engine in what was to everyone other than Bugatti the normal manner. The second and third speed gears were helical constant mesh and 2nd, 3rd and top gear were engaged by dog clutches. The gear change was a little slow but the gears were quiet. The rear axle was more or less standard Bugatti, as were the large diameter cable operated brakes and steering gear. The suspension also was the classic Molsheim system, and the front axle was the usual polished (and now nickel plated) circular member with the springs passing through. One other sign of "progress" was the abandonment of a nickel-silver shell for the honeycomb radiator used on all Bugattis to that day. Now the shell was 'false', chromium plated and with thermostatically operated shutters — none-the-less elegant for all that, with two flutes on the shoulders, a feature first seen on the Royale.

The car was a great success and sold well. It had a splendid performance in all respects. Molsheim themselves made standard, catalogued coachwork — the Galibier and Ventoux coaches and the 2 seat Atalante coupé. Gangloff made the standard convertible coupé named the Stelvio and many chassis were supplied to the coachbuilders, Corsica, Letourneur & Marchand, Graber, Saoutchik, James Young, Van Vooren, etc.

Two years later improvements were made; the engine was flexibly mounted, and the chassis frame was stiffened.

For the British market, the types 57 convertible were often bodied in England. Here a model by James Young of Bromley.
Type 57. Cabriolet 1936. Les 57 destinées au marché britannique, furent souvent carrossées en Angleterre. Ici, une réalisation de James Young (Bromley). *Photo Jean-Paul Caron.*

type 57

There was now provision for a compressor (the model in this case being called 57 C). Finally in 1938 Lockheed hydraulic brakes and telescopic shock absorbers were added, and an electro-magnetic Cotal gearbox was available as an alternative to the manual box.

In its day nothing could beat a Type 57 for long distance, fast motoring in elegance and comfort. The modern owner of a Type 57 probably still holds a similar opinion, even if he may often own a Ferrari as well!

A version of the 57 (not the 57 S) known correctly as the 57 G with an all enveloping 'tank' body, similar to the earlier 57 S version mentioned later, won the 1939 Le Mans 24-HR Race, in the hands of Wimille and Veyron. This used a more or less standard 57 C supercharged engine. It was in this car that Jean Bugatti met his death in August 1939, testing it near Molsheim, and having to avoid a drunken cyclist; war followed a few days later.

*1936 Bugatti catalogue showing the revised bodies made by the factory on the type 57.
on the cover: "The car of the finest records"... On the Bugatti advertisements, the spirit of competition was still living.
Catalogue Bugatti 1936 montrant sous forme de profils cotés les versions modernisées des carrosseries d'usine du type 57.
Sur la couverture : «La voiture des plus beaux records»... La publicité Bugatti est toujours axée sur la compétition.*

Type 57 Coupé Atalante 1937

Type 57 - Coach Ventoux 1937. Collection F. Marja (France).

type 57

1939 Bugatti catalogue showing the latest versions of the type 57.
Catalogue Bugatti 1939 montrant les dernières versions du type 57.

Type 57. Convertible 1937 body by Hermann Graber (Switzerland) Charles de Limur's Collection (U.S.A.).
Type 57. Cabriolet 1937. Carrosserie Hermann Graber (Suisse). Collection Charles de Limur (U.S.A.).

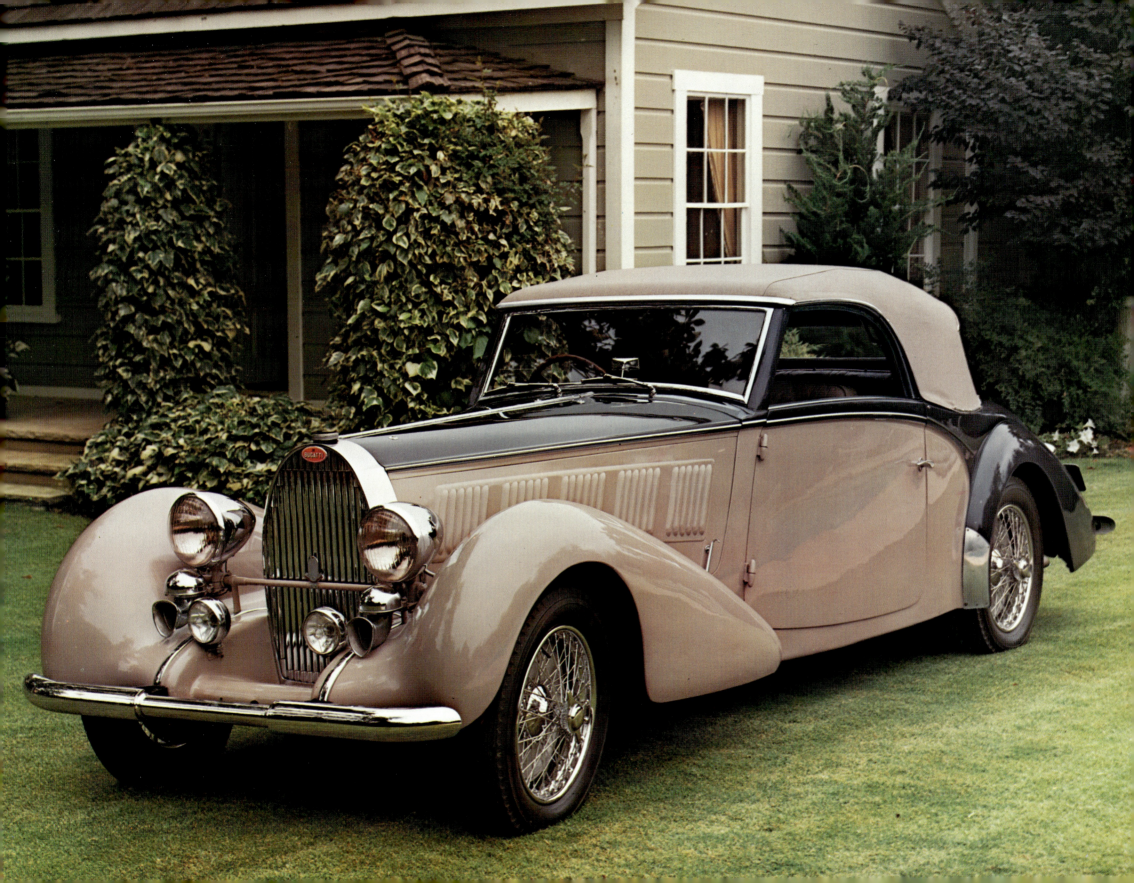

type 57

Type 57. 1937 Convertible body by Keibel (Vienna, Austria) Peter Bohny's Collection (Switzerland).
Type 57. Cabriolet 1937. Carrosserie Keibel (Vienne, Autriche). Collection Peter Bohny (Suisse).

A type 57 convertible at a classic cars meeting in United States (1977).
Type 57. Cabriolet 1937 lors d'une sortie de voitures classiques aux Etats-Unis en 1977.
Photo Jean-Paul Caron.

Type 57. On the last series, the Galibier saloon had doors opening from a central pillar, leaving the too flexible pillarless body.
Type 57. Berline Galibier 1938. Sur les dernières berlines, les portes s'ouvraient autour d'un montant central.
Bugatti abandonnant le système «fausse deux portes» sans montant central manquant de rigidité. Photo Jean-Paul Caron.

Type 57. On the last models headlamps are lowered and fitted in the wings.
Type 57. Coach Ventoux 1938. Sur les derniers modèles, les phares sont abaissés et encastrés dans les ailes.

type 57

Interior and dashboard of a 1938 Coupé Atalante type 57.
Type 57. Coupé Atalante 1938. Vue du tableau de bord.

Motor, right side.
Vue du moteur côté droit.

Motor, left side.
Vue du moteur côté gauche.

Type 57. Coupé Atalante 1938. Photo Jean-Paul Caron.

type 57

1937 Bugatti catalogue. "Power, Security, Comfort, Precision." The type 57 qualities, making the car one of the best of the late thirties. For the first time, Bugatti used cover girls to illustrate a catalogue.

Catalogue Bugatti 1937. « Puissance, Sécurité, Confort, Précision. » Les quatre raisons qui font de la 57, l'une des reines de l'immédiat avant-guerre.
Pour la première fois, Bugatti utilise le charme et l'élégance de jolis mannequins pour accompagner ses carrosseries

type 57

Type 57. Cabriolet 1938. Photos Jean-Paul Caron.

Type 57. Cabriolet 1938. Carrosserie Letourneur et Marchand. Photo Jean Novo.

type 57 C

Type 57 C. Coupé Atalante 1938. Collection du Musée Harrah. Reno (U.S.A.). Photo Jean-Paul Caron.

3,300 l « Excellence ».

Probablement le plus apprécié, sinon le plus construit, le type 57 avec son châssis presque inédit et son moteur de 3,300 l, remplaça le type 49 comme principal modèle de tourisme en 1934. Il fut présenté pour la première fois au Salon de l'Automobile de Paris en 1934 et produit jusqu'au début de 1940 lorsque la guerre, une fois de plus, démembra l'usine Bugatti. 680 modèles 57 et 57 C avaient été fabriqués.

Le moteur de 72 mm d'alésage pour 100 mm de course donnant une cylindrée de 3,300 l était d'un dessin tout nouveau et montrait l'influence grandissante de Jean.

Le vilebrequin était à six paliers et les deux arbres à cames en tête faisant fonctionner deux soupapes par cylindre, inclinées à 92°, étaient entraînés par un train de pignons qui était situé à l'arrière du moteur, ainsi que la dynamo et les pompes à eau et à huile placées, elles, à gauche. Le carburateur était un Stromberg simple corps. Pour la boîte de vitesses, une nouvelle technique : elle était montée à l'arrière du moteur, ce qui pour tout autre que Bugatti avait paru jusque-là la manière la plus normale. Les deuxième et troisième vitesses étaient à pignons hélicoïdaux constamment en prise et engagées par crabots ainsi que la quatrième. Les changements n'étaient pas rapides mais très silencieux.

Type 57. Cabriolet 1939. Carrosserie Gangloff. Collection P. Badré (France). Photo Jean-Paul Caron.

type 57

The sports version of the type 57, the 57 G, after his victory at Le Mans 24 hours race in 1939 in the hands of Wimille and Veyron.
La Bugatti 57 G de Wimille et Veyron après sa victoire aux 24 heures du Mans en 1939. Cette version de compétition était dérivée du type 57 normal.

L'essieu arrière, les freins à câbles à larges tambours et la direction étaient du style habituel Bugatti, ainsi que la suspension et l'essieu avant, maintenant nickelé, mais toujours de section circulaire avec les ressorts passant à travers.

Un autre signe de « modernisme » fut l'abandon du radiateur « argenté-nickelé » pour le nid d'abeilles qui sera désormais utilisé sur toutes les Bugatti. Maintenant, le « radiateur » était factice avec son tour (à l'allure de Royale) chromé et ses volets thermostatiques. Il n'en était pas moins élégant pour autant.

La voiture eut beaucoup de succès et se vendit très bien. Elle avait d'excellentes performances sous tous les rapports. Trois carrosseries étaient fabriquées à Molsheim : la berline Galibier, le coach Ventoux et le coupé 2 places Atalante tandis que Gangloff à Colmar habillait les cabriolets Stelvio.

De nombreux châssis furent carrossés par les noms célèbres de l'époque : Corsica, James Young, Letourneur et Marchand, Saoutchik, Graber, Van Vooren, etc.

Des améliorations apparurent deux ans plus tard : moteur suspendu et châssis renforcé. Un compresseur pouvait être monté en option (57 C). Puis en 1938, la 57 fut équipée de freins hydrauliques Lockheed, d'amortisseurs télescopiques et sur demande, d'une boîte de vitesses électromagnétique Cotal.

A cette époque aucune voiture ne pouvait battre la 57 pour de longs voyages, confortables, rapides, et en toute sécurité.

Les propriétaires actuels de 57 ont d'ailleurs toujours la même opinion, même si parfois ils possèdent aussi une Ferrari ! Une version sportive de la 57, non pas la 57 S dont on parlera dans le prochain chapitre, mais la 57 G, carrossée en « tank », remporta les 24 heures du Mans 1939 avec Wimille et Veyron.

Elle utilisait pratiquement le moteur à compresseur de série.

C'est dans cette voiture que Jean Bugatti se tua en août 1939, alors qu'il l'essayait près de Molsheim, en voulant éviter un cycliste ivre.

Quelques jours après, la guerre éclatait.

Type 57 C. Cabriolet Stelvio 1939. Carrosserie Gangloff. Collection Michel Bouyer (France).
Photo Michel Bouyer.

type 57

Conduite intérieure GALIBIER
Châssis "Type 57" avec carrosserie Conduite Intérieure "GALIBIER" - 4 places - 4 portes

Coach VENTOUX
Châssis "Type 57" avec carrosserie Coach "VENTOUX" - 4 places - 2 portes

1937 Bugatti catalogue with technical data.

BUGATTI

CHASSIS TYPE 57

CARACTÉRISTIQUES

MOTEUR 8 cylindres en ligne monobloc, à fixation élastique.
ALÉSAGE : 72 mm. COURSE : 100 mm. — CYLINDRÉE : 3257 cc.
VILEBREQUIN à 6 paliers.
2 ARBRES à CAMES en tête. — 2 SOUPAPES PAR CYLINDRE.
CARBURATEUR DOUBLE CORPS à volet automatique.
ALLUMAGE par batteries et distributeur (1 bougie par cylindre).
ECLAIRAGE et DEMARRAGE à éléments séparés (dynamo et démarreur).
CIRCULATION par pompe — RADIATEUR à thermostat avec volets.
EMBRAYAGE à disque unique, fonctionnant à sec.
BOITE à 4 vitesses (2ème, 3ème silencieuses).
PONT AR à simple multiplication (taille hélicoïdale).
DIRECTION à droite (vis et roue) avec dispositif anti-réaction.
SUSPENSION : à l'AV. ressorts ½ elliptiques.
à l'AR. ressorts ¼ elliptiques inversés.
ESSIEU AV. d'une seule pièce, entièrement usiné.
ROUES fil avec pneumatiques 28 × 5,50.
FREINS hydrauliques sur les 4 roues.
AMORTISSEURS : hydrauliques à l'AV. et à l'AR.
EMPATTEMENT : 3,30 mètres.
VOIES AV et AR : 1,35 mètre.
PLANCHE DE BORD avec instruments de contrôle.
RESERVOIR d'ESSENCE à l'AR — capacité 100 litres.

MOLSHEIM, LE 1er OCTOBRE 1937.

Magasin d'Exposition :
46, Avenue Montaigne - PARIS
Tél. Ely. 00-69

Atelier de Réparation :
75, Rue Carnot - LEVALLOIS
Tél. Péreire 42-40

Front cover of the 1937 Bugatti catalogue, the Atalante coupé.
Le coupé Atalante, en couverture d'un catalogue Bugatti de 1937.

1939 type 57 Coupé, body by Gangloff modified later by Hermann Graber.
Type 57. Carrosserie Gangloff modifiée par Graber.
Collection Pierre Strinati (Suisse).

Catalogue Bugatti 1937 et caractéristiques.

1936 Bugatti catalogue printed for the British market, presenting the type 57 with English bodies.
Catalogue Bugatti 1936 destiné au marché britannique présentant le type 57 habillé par des carrossiers anglais.

In a special issue presenting "L'Alsace" the 23rd May 1936, "L'Illustration" a French magazine published a page showing Bugatti products. On the top, "L'Aerolithe", prototype of the 57 S Atlantic coupé, but equipped with the normal 57 radiator shell.
Dans un numéro spécial sur l'Alsace, la revue «L'Illustration» publia le 23 mai 1936 une page consacrée à Bugatti sur laquelle était présenté (photo du haut) l'Aérolithe, le premier coupé Atlantic 57 S, équipé d'un radiateur droit des 57 normales.

cette page a dépassé les 192 kilomètres à l'heure sur l'autodrome de Montlhéry et c'est la seule voiture sport sans compresseur que l'on ait encore vue accomplir pareille performance.

Quant aux autorails Bugatti, nés depuis quelques années à peine, ils connaissent déjà une mondiale renommée. Dès leur mise en service, ils ont révélé aux Réseaux de chemin de fer des possibilités que les plus optimistes n'avaient jamais espéré trouver dans ce nouveau matériel. Non seulement ils assurent dans des conditions *optima* des services de navette de gare en gare, sur de courtes distances, mais ils satisfont d'une manière parfaite à des liaisons ultra-rapides sur des parcours de plusieurs centaines de kilomètres. Des perspectives encore plus prometteuses s'ouvrent, d'autre part, au nouveau train aérodynamique à vapeur qui prend corps dans les ateliers de Molsheim, et dans lequel la hardiesse des conceptions s'allie à l'ingéniosité des réalisations.

Partout à travers les ateliers, au banc d'essai comme aux halles de montage, l'ordre, la méthode, la netteté se révèlent les principes directeurs de la conduite du travail. Le nom de Bugatti que l'on peut lire sur les bâtis de nombreuses machines-outils témoigne dans l'esprit du constructeur la conception d'une pièce ou d'un organe se lie à celle de la machine qui permettra de l'usiner avec le maximum de précision et de perfection.

Formé à cette école, le personnel, presque exclusivement alsacien, est animé des plus hauts sentiments professionnels. L'application à sa tâche du plus modeste apprenti contribue à donner au visiteur la mesure profonde de l'atmosphère toute particulière dans laquelle se développe l'œuvre qui se déroule sous ses yeux.

Infatigable et heureux défenseur de la construction automobile française dans les grandes épreuves internationales, avec les seules ressources qu'il puise dans son génie, Bugatti honore la terre d'Alsace où il l'a fixé, par son effort continu, fruit du plus pur et du meilleur esprit latin.

Coupé profilé Bugatti sur châssis 57 S.

A couvert 192 km.-h. à Montlhéry; la seule voiture sport sans compresseur ayant dépassé 190 km.-h.

HAUTE INDUSTRIE ALSACIENNE
BUGATTI

Ce n'est pas une des moindres curiosités de l'Alsace que de compter dans le proche voisinage

Bugatti ont dû à une expérience acquise à gros frais dans la compétition des qualités exceptionnelles de sécurité par une tenue de route légendaire. Leur galbe, leur « race » et leur légèreté d'allure sont passés, pour ainsi dire, à l'état de dicton. Bugatti et vitesse sont devenus synonymes. Le coupé profilé que reproduit la première gravure de

Coupé Bugatti à toit ouvrant sur châssis 57 vu de 3/4 AV et de 3/4 AR.

Autorail Bugatti des Chemins de fer d'Alsace et Lorraine.

de Strasbourg l'usine où s'élaborent et se construisent parallèlement des voitures d'une réputation universelle et des automotrices détentrices du plus envié des records du monde, celui de la vitesse pure.

Aux portes de Molsheim, sans que rien ne l'annonce de l'extérieur, si ce n'est par instants les sonores vibrations d'un moteur au banc d'essai, l'usine Bugatti allonge discrètement des coquets bâtiments aux portes vernissées au milieu de prairies et de cultures. Il ne doit pas paraître surprenant, du reste, que les ateliers dans lesquels se crée une mécanique aussi personnelle soient sensiblement différents de ce que l'on a l'habitude de voir aujourd'hui dans une branche où la grande série fait école.

Rien ne ressemble moins à une usine d'automobiles que la fabrique Bugatti telle qu'elle apparaît dans son cadre actuel. Et c'est l'impression de parcourir un laboratoire de pure mécanique qui s'implante dans l'esprit de tous ceux qui obtiennent la bonne fortune de la visiter.

Au vrai, Ettore Bugatti, qui, à chaque problème qu'il se pose, entend réaliser ses conceptions sans le secours d'autrui, ou tout au moins ne faire appel à celui-ci autrement que dans la mesure la plus restreinte. C'est ainsi que des ateliers de fonderie pour la fonte, l'aluminium et le bronze, une forge avec marteaux à vapeur ou à air, des ateliers avec fours spéciaux pour le traitement des aciers à ressorts, enfin des ateliers de carrosserie ont été successivement créés de façon à contrôler la fabrication du moindre organe, et à donner ainsi à ce dernier l'estampille officielle de son créateur.

Connues pratiquement depuis plus de vingt-cinq années sur le marché automobile, les voitures

type 57 S

Coupé ATALANTE

VITESSE ET ENDURANCE

La BUGATTI 57 S

Sur Piste à Monthléry les 19 et 20 Nov. 1936, a couvert en **24 heures** 4879 km., soit à une moyenne de 199,445 km. heure, battant les records établis de plus de 20 km.

Sur Route au Mans les 19 et 20 Juin 1937, a couvert en **24 heures** 3827 km., soit à une moyenne de 138 km/heure, battant tous les records de l'épreuve.

En service courant comme en compétition

LA BUGATTI

prend la tête et n'est jamais rejointe !!

La même Voiture, en moins d'une année,

Gagne :
- Le Grand Prix de l'A. C. F. (1936),
- Le Grand Prix de la Marne (1936),
- Le Grand Prix du Comminges (1936),

Bat à Monthléry :
- Le Record de l'heure à 218 km/h., (Piste)
- Le Record des 6 heures à 204 km/h, (Piste)
- Le Record des 24 heures à 200 km/h., (Piste)
- Le Record des 200 km. à 146 km/h. (Circuit routier)
- Le Record du Tour à 149,501 km/h. (Circuit routier)

Remporte :
- Le Grand Prix de Pau,
- Le Grand Prix de la Ville de Bone,
- Les 24 heures du Mans à 138 km/h. (Records battus),
- Le Grand Prix de la Marne.

C'EST La BUGATTI 57 S

La voiture au Palmarès Inégalé,

Le pur sang de l'Automobile.

Châssis "Type 57 S" avec carrosserie Coupé "ATALANTE" 2/3 places - 2 portes

From the August 1937 Bugatti Catalogue.

type 57 S

Type 57 S Roadster, Drawing by Jean Bugatti, showed at the 1936 Salon de l'Automobile.
The front wings turned with the wheels. Photo by courtesy of the Automobil Revue. Bern (Switzerland).
57 S Roadster, sur un dessin de Jean Bugatti, présenté au Salon de l'Automobile de 1936,
les ailes avant tournaient avec les roues. Document : Revue Automobile Suisse. Berne.

The Ultra Sports Car.

Two years after the appearance of the Type 57, Bugatti produced a sports 'S' version, the 57 S, later the 57 SC when a compressor was added. This was and indeed is the ultimate in pre-war sports cars. It was based on the Type 57 although changes were many—too many perhaps as the model proved too expensive to manufacture and only about 30 were made, none after the spring of 1937.

The engine used the same block and valve gear as the normal 57 but the crankcase was different to allow for dual oil pumps and a dry sump. Higher compression pistons were used and the clutch was reinforced. Ignition was by Scintilla Vertex magneto carried in the dash and driven from the left hand camshaft. The gearbox and rear axle were more or less standard but the frame was quite different, giving a shorter wheelbase and allowing the rear axle to pass through it. There were expensive, complicated but very

This car was the property of Sir Malcolm Campbell, ex-world record breaker with his famous "Bluebird".
Type 57 S. Roadster 1936. Collection M. Corner (Angleterre). Cette voiture fut la propriété de l'ex-recordman du monde de vitesse sur terre avec son célèbre «Oiseau Bleu», Sir Malcolm Campbell.

type 57 S

Factory drawing for a roadster on a type 57 S chassis.
Projet de carrosserie d'usine pour un châssis Bugatti 57 S.

effective de Ram shock absorbers all round, these unique units having friction surfaces loaded by a hydraulic piston pump so that damping increased with speed. Brakes were still cable operated and brake torque on the front axle was dealt with—or at least was intended to be dealt with—by torque arms between axle and frame. These brakes were liable to grab violently when applied at speed and were perhaps the only weakness of the whole chassis, and one not eradicated until hydraulic brakes were added to the normal Type 57, unhappily after the 57 S had ceased production.

With a supercharger added the performance of the car was even more remarkable, at least 180 k.p.h. being available, dazzling acceleration and an agreeable whine from the blower and its gears.

The low slung chassis and the vee-shaped radiator of the 57 S suited well the handsome bodies which the car carried, usually the Atalante coupé, fixed or convertible, or the unique Atlantic coupé, of which only 3 were delivered, with body and wing panels rivetted together with spines or ribs of some width at the rivetted join lines. These three Atlantics still survive, one in the U.S.A., one in England and the third rebuilt after a major accident in France; and now there are a pair of "forgery" replicas too!

In 1936 Bugatti produced a batch of racing 57 S cars with tank bodies recalling the 1923 Tours cars, and first appearing in the 1936 French Grand Prix (G.P. de l'A.C.F.)—and winning. Wimille and Benoist won at Le Mans in 1937 but by 1939 a new version based on the standard chassis was used, under the designation 57 G.

1936 British Bugatti catalogue presenting the type 57 S with the Atalante coupé body and two roadsters coachbuilt in England.
We can recognize Mr. Corner's car, which was the previous property of Major Campbell, speed world record breaker.
Catalogue Bugatti 1936 destiné au marché britannique présentant la 57 S en coupé Atalante d'usine et en roadsters habillés de carrosseries anglaises.
On reconnaît la voiture de Mr. Corner qui fut la propriété du Major Campbell détenteur du record du monde de vitesse.

type 57 S

Mr. R. Pope's Atlantic 57 S Coupé, when it was owned by his first proprietor.
Le coupé Atlantic 57 S, tel qu'il venait d'être acheté par son premier propriétaire, Mr. R. Pope.

La voiture « Super-Sport ».

Deux ans après la sortie de la 57, Bugatti produisit une version Sport, la 57 S, puis la 57 SC à compresseur.
Cette voiture était le nec plus ultra de la voiture Sport d'avant guerre. Elle était conçue sur le type 57, mais avec de nombreuses modifications, trop peut-être, car elle se révéla coûteuse à fabriquer et seuls trente exemplaires environ sortirent de Molsheim jusqu'au printemps 1937.
Le moteur utilisait le même bloc et le même système de soupapes mais avait deux pompes à huile, un carter sec et des pistons pour haute compression. L'embrayage était renforcé. L'allumage se faisait par une magnéto Scintilla Vertex située sur le tableau de bord et entraînée par l'arbre à cames gauche. La boîte de vitesses et l'essieu arrière étaient de série mais le châssis était différent avec un empattement plus court, l'essieu arrière passant à travers.

Mr. R. Pope, great English Bugatti enthusiast, bought new in 1938 from the factory this type 57 S Atlantic coupé. It was the tenth new Bugatti, he owned (Six collected at the Paris Showroom on the Avenue des Champs-Elysées!). The car was converted in 57 SC, with supercharger, by the factory in 1939 and Mr. Pope owned the car until 1967, mileage being 37.500. He sold it to Mr. B. Price in 1967. From 1977 it is the property of Mr. A. Bamford, great British Bugatti collector. The car is always completely original. Registration number EXK-6 is from June 1938.

type 57 SC

La suspension à l'avant comme à l'arrière était assurée par des amortisseurs de Ram, sophistiqués, onéreux, mais très efficaces, montés avec une pompe hydraulique qui les durcissait en fonction de la vitesse.

Les freins étaient toujours à câbles et on avait résolu, ou l'on croyait avoir résolu, tous les problèmes de freinage en montant des jambes de réaction entre l'essieu avant et le châssis. Ils avaient une fâcheuse tendance à brouter à grande vitesse et c'était peut-être la seule faiblesse de toute la voiture. Ce défaut, sur le type 57, ne fut supprimé qu'après l'adoption des freins hydrauliques, malheureusement après que la 57 S eût cessé d'être fabriquée.

Avec compresseur, la voiture avait encore de meilleures performances, 180 km/h de vitesse de pointe, des accélérations fulgurantes et l'agréable musique de la mécanique.

Le châssis surbaissé et le radiateur en V s'harmonisaient aux élégantes carrosseries, pour la plupart des coupés Atalante, avec ou sans toit ouvrant, ou le très spécial coupé Atlantic dont trois exemplaires seulement furent livrés. La carrosserie et les ailes étaient entièrement rivetées sur une arête centrale. Ces trois Atlantic ont survécu, l'une aux Etats-Unis, la seconde en Angleterre et la troisième en France où elle vient juste d'être reconstruite après un grave accident survenu dans les années 50. Il existe même aujourd'hui deux mauvaises copies fabriquées récemment.

En 1936, Bugatti produisit quelques exemplaires de la 57 S en version course, avec une carrosserie « tank » rappelant le type 32 du Grand Prix de Tours 1923. Elle apparut pour la première fois au Grand Prix de l'A.C.F. en 1936 et remporta la victoire.

Jean-Pierre Wimille et Robert Benoist gagnèrent les 24 heures du Mans en 1937. Mais en 1939, elle fut supplantée par une nouvelle version, la 57 G, inspirée de la 57 normale.

Mrs. Williams, famous pilot's wife, with her type 57 SC Atlantic coupé, in Paris in 1938. This car, badly damaged after the war, is now rebuilt and in a French collection.
Mme Williams, épouse du célèbre pilote anglais, avec son coupé Atlantic 57 SC, à Paris en 1938. Cette voiture gravement accidentée après la guerre a été reconstruite et se trouve aujourd'hui dans une Collection française.

Mr. R. Pope, grand amateur anglais de Bugatti, acquit ce coupé Atlantic 57 S à l'usine en 1938. C'était sa dixième Bugatti achetée neuve (dont six sorties du Magasin des Champs-Elysées). Il la fit transformer en 57 SC par l'usine en 1939 et la conserva jusqu'en 1967, alors qu'elle n'avait que 37.500 Miles au compteur. Il la vendit à Mr. B. Price, qui lui-même s'en est séparé en 1977. Restée dans son état d'origine, elle est aujourd'hui la propriété de Mr. A. Bamford, grand collectionneur britannique de Bugatti. L'immatriculation EXK-6 date de juin 1938.

type 57 s

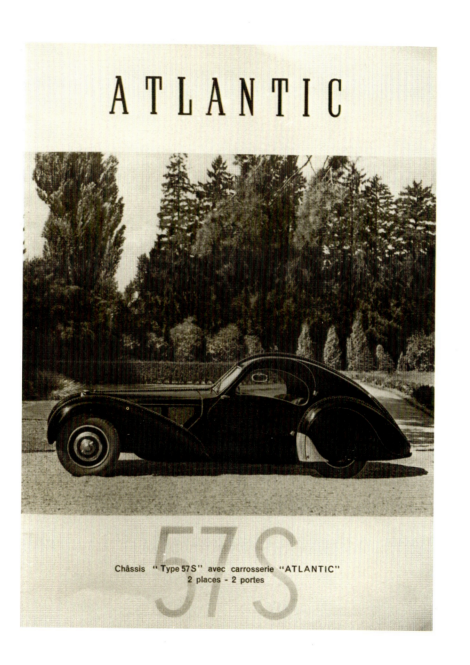

Châssis "Type 57 S" avec carrosserie "ATLANTIC"
2 places - 2 portes

This photo shows the Atlantic, when it was just bought by Mr. Oliver and imported from England to U.S.A. We can see under the bumper the British registration.
The body is still "original". After, the car was sent to Boano, the Italian coachbuilder. The two small rear windows were enlarged and the doors modified. It was repainted in blue. After Mr. Oliver's death, the car was bought in an auctions sale by the actual U.S.A. Bugatti Club President.

Ce document montre l'Atlantic lorsqu'elle fut achetée par Mr. Oliver et importée d'Angleterre aux Etats-Unis. On remarque l'ancienne plaque d'immatriculation anglaise, visible sous le pare-chocs. Sa carrosserie est encore «originale».
En effet, peu après son propriétaire la fera «moderniser» chez le carrossier Boano en Italie. Les deux petites glaces de custode seront agrandies pour améliorer la visibilité et les portes retouchées. De plus, elle sera peinte en bleu.
Vendue aux enchères après la disparition de Mr. Oliver, elle est aujourd'hui la propriété du Président du Club Bugatti des Etats-Unis.

type 57 s

From the 1937, type 57 S Bugatti catalogue, technical data and details of the chassis.
Caractéristiques et détails techniques extraits du catalogue Bugatti 57 S en 1937.

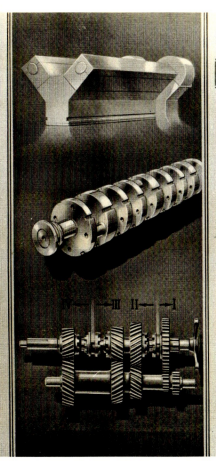

 A disposition des soupapes en tête, commandées par 2 arbres à cames, permet d'obtenir la meilleure chambre de combustion et une parfaite alimentation qui procurent à ce moteur la plus grande puissance spécifique. On obtient, grâce à cette disposition, un moteur très souple et à grand régime permettant sans fatigue les moyennes les plus élevées, grâce aux accélérations foudroyantes. L'utilisation très poussée des alliages légers à haute résistance a permis d'obtenir un bloc moteur très léger d'une résistance à toute épreuve.

Un arbre vilebrequin d'une seule pièce et taillé dans un bloc d'acier est usiné sur toutes ses faces pour obtenir une rigidité parfaite et un équilibrage rigoureux, permettant d'atteindre les régimes les plus élevés sans aucune vibration. Supporté par 6 paliers graissés sous pression, il constitue un vrai chef-d'œuvre de mécanique de précision et contribue pour une large part au rendement extraordinaire du moteur 57.

La boîte de vitesse, en conjugaison avec un embrayage agréablement progressif et de très faible inertie, permet au conducteur les passages les plus rapides d'une vitesse à l'autre. L'application de pignons hélicoïdaux rectifiés, toujours en prise, engrenés par crabots, a permis de réaliser un ensemble essentiellement silencieux et robuste. Le Carter en alliage léger forme bloc avec le moteur. La commande des vitesses se fait par le centre au moyen d'un levier à rotule.

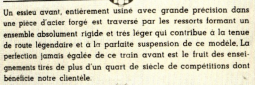 ES freins sont établis pour assurer la sécurité complète en toutes circonstances. Les tambours en alliage légers et frétés de fonte spéciale déterminent un ensemble indéformable et d'une conductibilité maximum assurant un refroidissement rapide, condition essentielle de la constance du freinage aux grandes vitesses. Ils sont facilement amovibles pour permettre une surveillance et un entretien aisés des garnitures. La répartition des efforts de freinage se fait proportionnellement d'une manière rigoureusement progressive et parfaitement équilibrée.

Un essieu avant, entièrement usiné avec grande précision dans une pièce d'acier forgé est traversé par les ressorts formant un ensemble absolument rigide et très léger qui contribue à la tenue de route légendaire et à la parfaite suspension de ce modèle. La perfection jamais égalée de ce train avant est le fruit des enseignements tirés de plus d'un quart de siècle de compétitions dont bénéficie notre clientèle.

Le bloc moteur est le résultat final d'une expérience approfondie, d'études et de performances incessantes; il est la pièce maîtresse de la voiture. Construit suivant une conception particulière et des solutions mécaniques personnelles et éprouvées il est fidèle, puissant, économique, il répond à tout instant, sans jamais de faiblesse, à son régime le plus élevé, il ne fatigue pas.

Pour éviter toute déformation dans le mécanisme, le bloc moteur est fixé à des supports souples en 5 points du châssis qui lui assurent en outre les qualités de souplesse et de silence indispensables au confort.

type 57 s

*The type 57 S with competition body, winner of the French Grand Prix 1936
and 24 hours at Le Mans 1937. A nice score! (From the 1937 Bugatti catalogue.)*
La 57 S en version compétition, vainqueur du G.P. de l'A.C.F. en 1936
et des 24 heures du Mans en 1937. Un palmarès éloquent. (Extrait du catalogue Bugatti 1937.)

At the start of the 1936 French Grand Prix at Montlhéry, the "Tank" 57 S of Robert Benoist and Philippe de Rothschild.
Au départ du Grand Prix de l'A.C.F. à Montlhéry en 1936, le «Tank» Bugatti 57 S de Robert Benoist et Philippe de Rothschild.

The "Tank" 57 S, winner of the 1936 French Grand Prix in the hands of the French/British team Veyron/Williams.
Pour sa première apparition en course, le «Tank» 57 S remporte le Grand Prix de l'ACF en 1936 avec l'équipage Veyron/Williams.

Jean-Pierre Wimille, here at the wheel, wins with Robert Benoist the 1937 edition of the 24 hours at Le Mans with the "Tank" 57 S.
Jean-Pierre Wimille, ici au volant, associé à Robert Benoist, remporte les 24 heures du Mans 1937, sur le «Tank» Bugatti 57 S.

type 59

At the start of the 1934 French Grand Prix in Montlhéry, the three type 59 Bugatti of Tazio Nuvolari (14), Robert Benoist (16) and René Dreyfus (18). The race was won by Louis Chiron at the wheel of an Alfa Romeo.
Montlhéry 1934. Grand Prix de l'A.C.F. Les 3 type 59 au départ : n° 14 : Tazio Nuvolari, n° 16 : Robert Benoist, n° 18 : René Dreyfus. La course devait être gagnée par Louis Chiron sur Alfa Romeo.

taken us up to the early part of the war in 1940. To complete the account of the various 'real'—that is Ettore Bugatti—production Bugattis we must go back to 1933. Bugatti was still determined to produce racing cars that he could sell and soon after work had started on the Type 57, work also began on a new racing car using the 57 engine as a basis for the power plant. This was the Type 59.

Originally appearing at the Spanish Grand Prix in September 1933 as a 2.8 litre (67 × 100 mm), it was soon enlarged to 72 × 100 mm, 3.3 litre, as for the touring version. The engine was supercharged and similar to that used later on the 57 SC, and was reputed to develop 230 HP. The clutch was of the earlier multiplate type, and the gearbox was in a separate casting straddling the frame as on the earlier Brescia. An unusual, and in the event a weak feature of the rear axle was the use of a double reduction, a pair of spur gears before the bevel pair, probably to reduce diameter and to facilitate ratio changes—in practice the casing tended to split.

Type 59. GRAND PRIX. Collection National Motor Museum, Beaulieu (G.-B.).

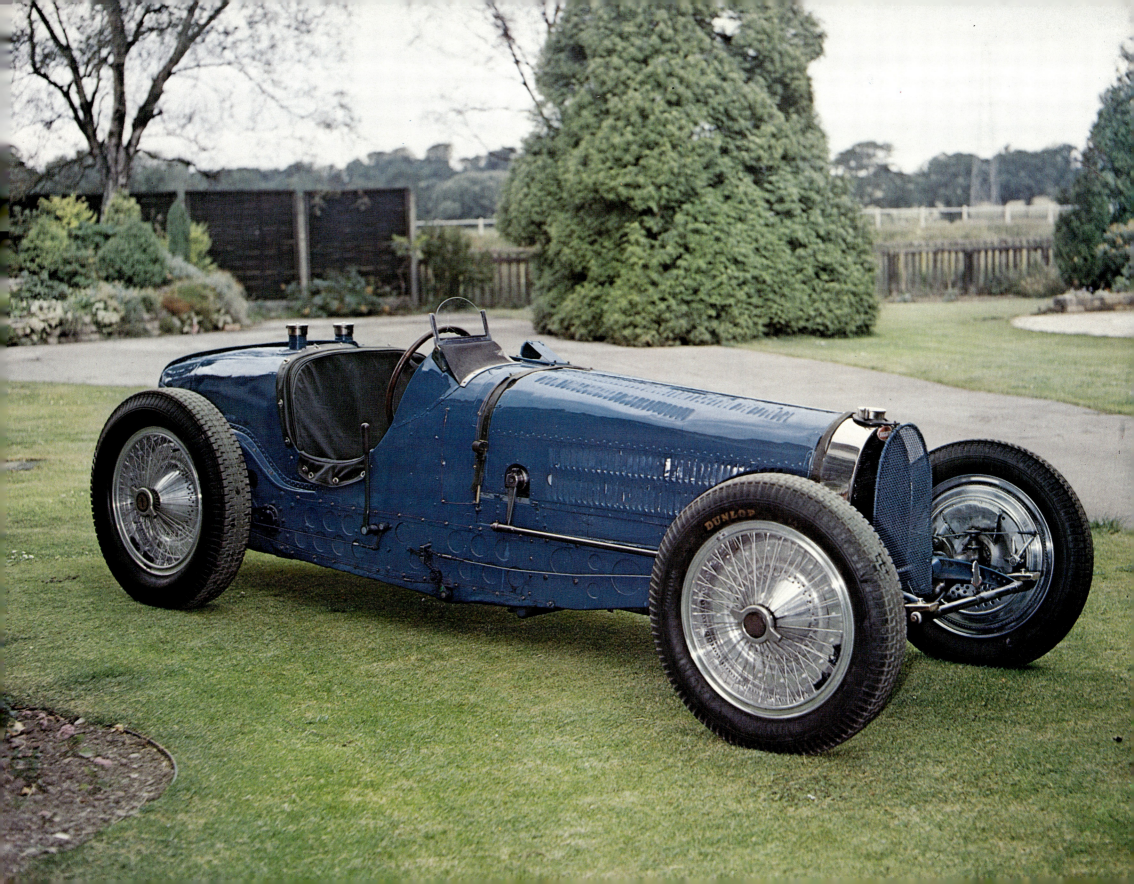

type 59

Jack Lemon Burton, the great British Bugatti enthusiast at the wheel of a type 59 in England in 1936.
Jack Lemon Burton, grand amateur britannique de Bugatti au volant d'une type 59 en 1936.

The frame was new, the rear springs being as usual but of full width and parallel as on the Type 54. Brakes were very large and still cable operated, and a remarkable new feature was wire wheels with radial wire spokes, the torque drive being taken by gear teeth round the periphery of the brake drum engaging other teeth on the rim. The result was an exceptionally light if expensive construction. The front axle was characteristic, hollow and with the springs passing through, but was now made in two pieces joined at the centre by a screwed collar. Shock absorbers were de Ram as seen on the 57 S.

No doubt the last classic racing car, with a radiator at the front and a tapering 2 seat body, and very beautiful to look at, it was fast and seems to have handled well enough, although the brakes were not good. The works batch of 4 cars plus spares raced intensively in 1934 with little success and four were then sold to England where they continued to appear. The works retained two other cars which raced sporadically in 1935 and one continued to be used by Wimille up to 1939 although by then it was fitted with a new 8 cylinder enlarged engine of 4.7 litre known as the 50 B.

Two special single seat versions were built, one with 4.7 litre 50 B engine, and a later version with a 3 litre engine. These cars were extensively modified by the works between 1935 and 1939, the larger car surviving in the Schlumpf collection, and parts of the smaller car surviving in the U.S.A.

The Type 59 S have survived well! Three are in Britain, one in the U.S.A., and the Wimille car from 1939 is in the Schlumpf collection, along with the 50 B single seater.

Type 59. GRAND PRIX. Version «Sport». Collection Hans Dieter Holterbosch, New York (U.S.A.).

type 59

A type 59, at speed... in 1977!
Une type 59 à 200 km/h... en 1977!

La dernière voiture de course.

L'histoire du type 57 nous a conduit jusqu'au début de la guerre en 1940.
Pour terminer le compte rendu des différents types de Bugatti, les vraies, celles d'Ettore, il nous faut revenir en 1933.
Bugatti était alors encore désireux de construire des voitures de course qu'il pourrait vendre. Aussi, simultanément à l'étude du type 57, prépara-t-il une voiture de course utilisant le même groupe moteur comme base. Ainsi naquit le type 59.
Le premier exemplaire apparut au Grand Prix d'Espagne en septembre 1933 avec un moteur de 2,800 l (67 mm × 100 mm), bientôt porté à 3,300 l (72 mm × 100 mm), cylindrée similaire au moteur de la voiture de tourisme.
Le moteur était équipé d'un compresseur, semblable à celui utilisé plus tard sur la 57 SC ; il développait ainsi 230 CV.
L'embrayage était du type ancien à disques multiples et la boîte de vitesses se trouvait dans un logement séparé surmontant le châssis comme sur les premières Brescia.
Caractéristique inhabituelle et qui se révéla une faiblesse : le pont arrière à double rapport avec une paire de pignons droits montés devant une paire de pignons coniques, probablement pour réduire le diamètre et faciliter les rapports de démultiplication. Mais, en fait, le boîtier avait tendance à se fendre.

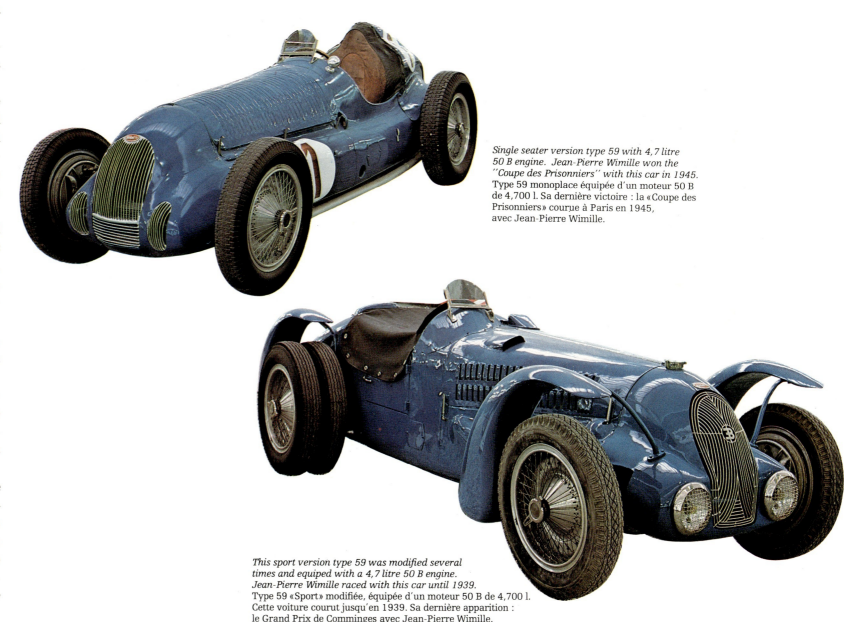

Single seater version type 59 with 4,7 litre 50 B engine. Jean-Pierre Wimille won the "Coupe des Prisonniers" with this car in 1945.
Type 59 monoplace équipée d'un moteur 50 B de 4,700 l. Sa dernière victoire : la «Coupe des Prisonniers» courue à Paris en 1945, avec Jean-Pierre Wimille.

This sport version type 59 was modified several times and equiped with a 4,7 litre 50 B engine. Jean-Pierre Wimille raced with this car until 1939.
Type 59 «Sport» modifiée, équipée d'un moteur 50 B de 4,700 l. Cette voiture courut jusqu'en 1939. Sa dernière apparition : le Grand Prix de Comminges avec Jean-Pierre Wimille.

type 59

Wire wheel details.
Type 59. Détails d'une roue.

Le châssis était nouveau, la suspension arrière «Bugatti» mais avec des ressorts parallèles comme sur le type 54 et les freins à câbles avaient des tambours largement dimensionnés.

Une caractéristique remarquable: les roues à fins rayons radiaux. Leur torsion était assurée par une mâchoire dont les dents se trouvaient d'une part autour du tambour de frein et d'autre part sur la jante. Une construction extrêmement légère, mais coûteuse.

L'essieu avant était très «Bugatti», creux, avec les ressorts passant à travers mais forgé en deux parties accouplées au centre par un collier vissé.

Les amortisseurs étaient des de Ram semblables au type 57 S.

Sans aucun doute, ce fut la dernière voiture de course classique avec sa très jolie carrosserie 2 places effilée. Elle était rapide, très maniable, mais freinait mal. Les quatre voitures (plus celles de réserve) de l'écurie d'usine participèrent à de nombreuses courses en 1934, mais sans grand succès.

Finalement quatre exemplaires furent vendus en Angleterre où elles continuèrent de courir.

L'usine conserva deux voitures, qu'elle engagea dans des compétitions en 1935. L'une, modernisée et équipée d'un moteur 8 cylindres de 4,700 l (type 50 B), fut utilisée par Jean-Pierre Wimille jusqu'en 1939.

Deux versions monoplaces furent également construites, l'une avec un moteur type 50 B, 4,700 l, l'autre, plus tard, avec un moteur 3 litres. Ces deux voitures subirent de nombreuses transformations à l'usine entre 1935 et 1939. La plus grosse se trouve aujourd'hui dans la collection Schlumpf et une partie de la plus petite aux Etats-Unis.

Toutes les 59 ont survécu! Trois sont en Angleterre, une aux Etats-Unis, et la voiture de Wimille en France à côté de la monoplace.

Type 59. GRAND PRIX at the start of a Vintage race. Great Britain 1975.
Type 59. GRAND PRIX au départ d'une course de «Vintage» en 1975 en Angleterre.

les autres

The Other Bugattis

Does one consider a car studied or produced without the direct influence of Ettore Bugatti or his son Jean as a real Bugatti, even if the red badge on the front of the car proudly proclaims its parentage? The purist will not, but these cars may be mentioned perhaps as being of interest, without undue patronage!
Thus we may list these semi-illegitimate attempts alongside some genuine Bugatti-conceived models. There are many gaps in the numerical sequence, but Bugatti used his Type numbers for many projects other than cars, boats, steam engines, aero engines, diesels...

type 48 Was a 1 000 cm³ engine, basically half of a Type 35 produced in 1932 for Peugeot to use in a sports version of the Peugeot 201, the 201 X. A few were made but the chassis was not able to deal with the power.

The "unknown" Bugatti! This photo was taken in 1934 in Switzerland by Robert Braunschweig, to-day Revue Automobile editor. This prototype, later broken up, had type 57 body and chassis, type 46 wheels and fancy radiator shell to make it hardly recognizable. Incredible feature: independant front suspension.
La «Bugatti inconnue»! Cette photo fut prise en Suisse en 1934 par Robert Braunschweig, aujourd'hui rédacteur en chef de la Revue Automobile Suisse. Il s'agit d'un prototype (détruit par la suite) équipé d'une caisse et d'une mécanique de 57, de roues de 46 et affublé d'une calandre indéfinissable pour le rendre méconnaissable. Incroyable particularité : une suspension avant indépendante. Document : Revue Automobile Suisse. Berne.

type 50B This is strictly only an engine intented for racing; generally similar to the normal Type 50 engine but different in many details. Bore and stroke were 84 × 107 mm, and the crankshaft had 9 main bearings with the camshaft drive at the front as on the Type 50. The cylinder block however was in light alloy with steel sleeves for the cylinders. There were different versions of the valve operating mechanism and various combinations of bore and stroke were tried or offered in engines of different capacity: we know of 3, 4, 4.5 and 4.7 litre versions. Versions of the engine were produced for a racing boat, and for the Bugatti aeroplane begun but not completed in 1939-40. Some of the aero engines rotated left hand as the two propellers of the aircraft were contra-rotating.

type 56 was the personal electric vehicle built by Ettore for himself for factory transport, and perhaps because he saw how effective the Baby Bugatti, Type 52 was in the hands of young Roland! One or two examples seem to have been sold.

les autres

Peut-on considérer qu'une voiture étudiée ou produite sans l'influence directe d'Ettore Bugatti ou de son fils Jean soit une vraie Bugatti, même si l'écusson rouge sur la calandre proclame fièrement sa parenté ?
Le puriste dira non, mais ces voitures peuvent être mentionnées car elles ont un certain intérêt même si toute filiation est usurpée.
Nous vous les présentons ainsi que des prototypes, conçus, eux, par Bugatti, mais qui ne vinrent jamais en production, soit pour des raisons techniques, soit à cause de la guerre, soit par suite du décès subit du «Patron».
Vous avez constaté de nombreux «trous» dans l'énumération des types de Bugatti. En fait, ces numéros furent affectés à des projets ou des réalisations n'ayant aucun rapport avec l'automobile : moteurs de bateaux (types 66, 71, 75), moteur à vapeur (type 74), moteurs d'avions (types 19, 20), moteur Diesel (type 58), etc.

type 48
Un moteur de 1 000 cm³, en fait la moitié d'un type 35, produit en 1932 pour la 201 X, version sportive de la Peugeot 201.
Quelques exemplaires furent construits, mais le châssis Peugeot ne pouvait pas supporter un moteur aussi puissant.

type 50B
Un moteur destiné à la course, dérivé du type 50, avec de nombreuses modifications : alésage 84 mm × course 107 mm, vilebrequin à 9 paliers et entraînement de l'arbre à cames à l'avant comme sur le type 50. Cependant, le bloc cylindres était en alliage léger avec des chemises en acier. Il y eut différents systèmes de soupapes et plusieurs cylindrées : 3 l, 4 l, 4,500 l et 4,700 l.
D'autres versions furent produites pour un bateau de course.
On l'étudia également mais sans pouvoir le terminer, pour l'avion Bugatti en 1939/1940. Les moteurs d'avion tournaient à gauche, alors que les hélices tournaient à droite.

Type 56. Ettore's personal electric vehicle for his transport in the factory.
Type 56. Voiture électrique construite pour les déplacements du «Patron» à l'intérieur de l'usine.

type 56
Voiture électrique, construite par Ettore pour ses déplacements dans l'usine.
Peut-être, s'était-il rendu compte comme était efficace la «Baby» Bugatti de son fils Roland ! Un ou deux exemplaires furent vendus.

les autres

TYPE 68

TYPE 73

TYPE 64

type 64 was a prototype of a new model to be introduced in 1940 and which would have been exceptional. It was a much improved 57 with a light alloy frame, a 4.5 litre engine with chain-driven camshafts and a Cotal gearbox.

type 68 was Ettore's post-war attempt at a mini-car, a 4 cylinder 370 cm³ supercharged engine with twin overhead camshafts and 16 valves! Ettore died before the prototype could be tested properly.

type 73 was a 1946-7 attempt by Ettore to produce a 1 1/2 litre 4 cylinder sports car (73 A) and a corresponding supercharged racing version (73 C). Several elements and some half finished chassis exist but Ettore's death in August 1947 ended the project.

type 64 Prototype du nouveau modèle qui devait être présenté en 1940 avec des performances tout à fait exceptionnelles.
Il s'agissait d'un type 57 amélioré, équipé d'un châssis en alliage léger, un moteur de 4,500 l avec des arbres à cames entraînés par chaîne et une boîte électromagnétique Cotal.

type 68 L'essai, après la guerre, par Ettore d'une mini-voiture équipée d'un 4 cylindres 370 cm³ à compresseur, double arbre à cames en tête et 16 soupapes ! Ettore disparut avant sa mise au point définitive.

type 73 Dernier prototype étudié par Ettore, d'une petite berline sportive 1 500 cm³, 4 cylindres avec (73 C) ou sans (73 A) compresseur. De nombreux éléments furent produits mais la mort du « Patron » en août 1947 arrêta définitivement le projet.

type 101 In 1951 Molsheim, with only Jean's younger brother Roland with little signs of creative engineering skill in the background, produced a few modernised Type 57 chassis under the designation 101 (or 101 C for the supercharged version) which were fitted with good looking bodies by Gangloff of Colmar and shown at the Paris Automobile Salon. The name Bugatti created much interest but a car, still with a solid front axle, could not be expected to be acceptable, and no production was attempted.

type 101 En 1951, l'usine de Molsheim sous l'impulsion du frère cadet de Jean, Roland Bugatti, sans compétence technique, produisit une version modernisée du type 57, dénommée 101 (ou 101 C pour le modèle à compresseur). Cette voiture carrossée par Gangloff en coach ou en cabriolet, fut présentée au Salon de l'Automobile de Paris, mais, bien que le nom de Bugatti suscitât toujours l'intérêt, un essieu avant rigide ne permettait plus sa commercialisation.

Prototype du TYPE 101 (1950)

Type 101 prototype, seen in a Paris street in 1951.
Le prototype de la « 101 » prise en photo dans une rue de Paris en 1951.
Document : Robert Braunschweig. Revue Automobile Suisse. Berne.

les autres

BERLINE 4 Places, 4 Portes

Nos voitures sont munies d'un tableau de bord comprenant :
    Un indicateur de vitesse. Un compteur kilométrique totalisateur et journalier. Un compte-tours. Une jauge à essence. Un thermomètre d'huile. Un thermomètre d'eau. Un manomètre de pression d'huile. Un voyant d'allumage. Un voyant de charge de batterie. Un voyant de frein à main serré Un voyant de feu de position.

COACH 4 Places, 2 Portes

Nos carrosseries de Grand Luxe particulièrement soignées et finies dans les moindres détails comprennent :
    Une roue de secours dans l'aile AV. droite. Un coffre AR. de grande capacité réservé exclusivement aux bagages. Un appareil de chauffage, dégivrage, ventilation.
Les coloris de peinture sélectionnés et les garnitures intérieures en cuir véritable sont au choix de notre clientèle.
Sur demande peuvent être fournis : Un lave-glace de pare-brise. Une radio de bord. Des roues chromées.

Type 101 convertible, bodied by Gangloff, presented at the 1952 Geneva Motor Show.
Bugatti 101 Cabriolet Gangloff présenté au Salon de Genève de mars 1952.
Document : Revue Automobile Suisse. Berne.

TYPE 101 Coach 1951

TYPE 101 Cabriolet 1951

les autres

TYPE 251

TYPE 251. Vue du châssis.

type 251 *In 1956 in a further attempt to re-establish itself Molsheim contracted with the Italian designer Colombo to produce an 8 cylinder racing car, with the engine set transversely at the rear in a tubular chassis. The engine was 76×68.5 mm, $2\,485\,cm^3$, with twin overhead camshafts. The drive was taken from the centre of the engine. Two cars were built and they appeared on one occasion at the French Grand Prix (Grand Prix de l'A.C.F.) at Reims in 1956 without distinction and were not raced again.*

type 252 *was a 1960 attempt to produce a sports car and a prototype was built but never completed.*

type 451 *What must have been the final foolishness of the Molsheim direction around 1960 was an attempt under this designation to produce a 12 cylinder engine, perhaps to "out-Ferrari Ferrari"! Drawings were made and a crankshaft was partly machined before common sense, or finance prevailed.*

type 251 En 1956, Molsheim tenta de se refaire une réputation et prit sous contrat le dessinateur italien Colombo pour réaliser une voiture de course à moteur 8 cylindres, placé transversalement à l'arrière sur un châssis tubulaire. $2\,485\,cm^3$, 76 mm $\times$ 68,5 mm, double arbre à cames en tête, entraînement au centre du moteur.
Deux voitures furent construites et apparurent au Grand Prix de l'A.C.F. à Reims en 1956 sans aucun succès. L'affaire n'eut pas de suite et ce fut un fiasco technique et financier.

type 252 Ce fut la dernière tentative pour produire la voiture sport des années 60. Malheureusement, le prototype ne fut jamais réellement mis au point.

type 451 La dernière folie de la direction de Molsheim en 1960 : produire un moteur 12 cylindres pour battre les Ferrari ! Des dessins furent réalisés, un vilebrequin forgé, avant que le bon sens ou les finances n'arrêtent le projet.

TYPE 252: the Sports car of the sixties.
TYPE 252 : la Bugatti de sport de 1960.

Cet ouvrage,
édité par les Editions Modélisme
94, boulevard de Sébastopol
75003 PARIS - FRANCE
R.C. Seine 561053471 A Paris,
a été réalisé sous la direction
de Danielle et Jacques Greilsamer.

La conception de la maquette et
les montages sont de Michel Pahin, Paris.
La couverture est l'œuvre de Walter Gotschke.

Copyright ©

Tous droits de reproduction de tous textes
et documents photographiques,
de diffusion ou de traduction réservés.
Aucune page de cet ouvrage
ne peut être reproduite
sans l'accord préalable de l'éditeur.

Imprimé en Italie sur les Presses
Arti Grafiche Giorgi & Gambi, Florence.

Dépôt légal : 3ᵉ trimestre 1978
ISBN. 2.902.781.01.6